U0140407

美国国家地理全球史

绝对君权

The Absolute Monarchies

美国国家地理学会　编著　　吕文杰　译

中国出版集团　现代出版社

目　录

插图（第2页）　　安东尼·柯赛沃克（Antoine Coysevox）创作《古罗马皇帝装束的路易十四铜像》，现藏于巴黎加纳瓦雷博物馆。

插图（第4—5页）　　迭戈·委拉斯凯兹（Diego Vélasquez）创作的《宫娥》，现藏于西班牙普拉多美术馆。

插图（左图）　　位于罗马的圣伊华教堂，由弗朗切斯科·波洛米尼（Francesco Borromini）设计。

概 述

17世纪欧洲的标志性事件是一场危机。这场危机与许多文艺复兴时期产生的新颖事物有着直接联系。君主制国家之间因为政治以及宗教因素而发生冲突，其影响范围扩张到整个欧洲。三十年战争（1618年—1648年）表明外交政策是如何超越君主个人或是其宗教信仰的变化，逐渐确立为一种处理国际关系的独立方式。然而，坚持专制主义的理论家则声称君主应该在宏伟的宫殿中决定数以百万计臣民的命运，但是现实往往与之不同。因此，在太阳王路易十四（1643年—1715年）漫长而复杂的统治期间，其他欧洲列强都面临着传统政治制度的危机。权势滔天的首相[他们受到国王的宠爱，例如，黎塞留（Richelieu）、马萨林（Mazarin）、乌克森谢纳（Oxenstierna）、奥利瓦雷斯（Olivares）]的出现则是君主制疲软的首要征兆。另外，西班牙等昔日的霸权国家也开始衰落。1640年的系列叛乱导致这些国家的领土分裂，随后在与其他列强的对抗中则丢失更多的领地。与此同时，一些国家开始实行共和制。这种制度变革给大西洋沿岸的欧洲国家带来了更大的影响，这些国家也面临着不同的境遇。英国短暂地实行过共和制，但最终还是确立了君主立宪制。共和制却在联省持续更长的时间，共和主义战胜了奥兰治家族的独裁倾向，但是该国的经济状况却不可逆转地恶化，并最终于18世纪初出现严重的内部危机。而在中欧和东欧，《威斯特伐利亚和约》（La paix de Westphalie）的签订为领土的集中化奠定了基础。当时欧洲各地都处于分裂状态，能够影响18世纪欧洲的新兴势力开始崛起，特别是普鲁士和俄国。一切社会与政治层面的动荡、专制主义与革命、改革与反改革之间的斗争都促进人们提出具有科学性的质疑、对传统的挑战；同时也推动巴洛克风格的兴起，其特征表现为戏剧的繁荣与影响。

插图（第8—9页）　凡尔赛宫的镜厅。

插图（左图）　《士兵和微笑的女孩》，约翰内斯·维米尔（Johannes Vermeer）创作于1658年，纽约弗里克收藏。

11

全面战争

　　《荷兰军队之战》：彼得·斯奈尔（Peter Snayer）绘，现藏于意大利锡耶纳国家美术馆。

　　插图（右侧）《斐迪南二世皇帝头盔》：乔瓦尼·塞拉巴里奥（Giovanni Serrabaglio）绘，现藏于维也纳艺术史博物馆。

三十年战争

格里美豪森（Han Jacob C. Grimmelshausen）在以三十年战争为背景创作的小说《痴儿历险记》（Simplicissimus）的开篇哀叹道："在这个时代，多数人都认为自己会是最后一位幸存者……"在人们的记忆中，这场战争被认为是一场灾难性的冲突，它源于一次地区争端，却最终演变为称霸欧洲的广泛对抗。

三十年战争的主要参与者多怀有因历史遗留问题而产生的怨恨情绪。神圣罗马帝国内部自 16 世纪以来持续发生宗教争端，同时西班牙与奥地利的哈布斯堡王朝与法国的波旁王朝斗争不断。法国新国王在继位后，延续波旁王朝之前的瓦卢瓦王朝所奉行的反西班牙政策。

尽管如此，16 世纪末并没有任何迹象表明会发生一场影响整个欧洲的战争。1598 年，法国和西班牙在教皇克莱门特八世（Clément Ⅷ）的调解下共同签署《韦尔万和平条约》（La paix de Vervins），结束当时欧洲两个最强大王国之间的冲

三十年战争的各个阶段

1618年—1625年

古波希米亚起义 斐迪南二世（Fernand II）在宗教方面实行排除异己的政策，这导致捷克新教贵族起义并拥立了新国王弗里德里希五世（Frédéric V）。

1625年—1629年

丹麦的介入 丹麦国王克里斯蒂安四世（Christian IV）支持新教徒。1626年，丹麦军队于卢特被击败。

1630年—1635年

瑞典的介入 在古斯塔夫二世阿道夫（Gustave II Adolphe）的带领下，瑞典军队入侵了神圣罗马帝国，并击退了天主教军队。瑞典国王死于吕岑战役。

1636年—1648年

法国的介入 虽然法国是天主教国家，但是它选择与新教徒阵营并肩作战。1643年，法国军队于罗克鲁瓦击败西班牙军队。

1648年

威斯特伐利亚和平 8月签署的《奥斯纳布吕克和约》(Le traité d'Osnabrück)和9月于威斯特伐利亚签署的《明斯特和约》(Le traité de Münster)结束了这场战争。

突。这一和约承认 1559 年签署的《卡托-康布雷齐和约》(*La paix du Cateau-Cambrésis*) 内的大部分条款。西班牙国王允诺放弃继承法国王位的权利。费利佩二世（Philippe II）在条约签署几个月后逝世，他将弗兰德地区遗赠给女儿伊莎贝尔·克拉拉·欧亨妮亚（Isabelle Claire Eugenie）——奥地利阿尔伯特大公的妻子，目的是结束此前的军事冲突。面对大西洋瘟疫造成的人口死亡与物资匮乏，撤军于西班牙而言是一项明智之举。这场瘟疫之所以被命名为大西洋瘟疫，是因为病毒通过大西洋沿岸的坎塔布里亚港口进入西班牙境内。瘟疫在伊比利亚半岛肆虐长达 5 年（1597 年—1602 年），随之而来的还有惨淡的收成。费利佩二世统治的最后几年，军队战

败与财政困难问题频发，这使得他于 1597 年第三次宣布政府破产。

战争与和平中的西班牙

费利佩三世（Philippe Ⅲ,1598 年—1621 年）在统治初期受到其奥地利母亲的影响；而在成年后，他则将统治权力下放给宠臣。与费利佩二世不同，费利佩三世生性懒散，这使得某些野心家有机可乘，而这些人物也卷入腐败丑闻，例如，罗德里戈·卡尔德龙（Rodrigo Calderon）——他最终于 1621 年在马德里马约尔广场被处死。不过卡尔德龙只是一名次要人物，他受到德尼亚侯爵弗朗西斯科·德·桑多瓦尔（Francisco Gomez de Sandoval）的庇护——这位莱尔马公

布列达的投降

委拉斯凯兹的这幅巨大的画作（别名为《长矛》，绘于 1634 年至 1635 年）描绘了三十年战争期间，布列达市于 1625 年向西班牙军队投降的情境。在画面左侧，荷兰人手持长矛和步枪，由贾斯汀·德纳索（Justin de Nassau）将城门钥匙交给安布罗斯·斯宾诺拉（Ambroise Spinola）（画家认识他本人）。后者阻止战败者在他面前下跪。这种近乎友好的交接与当时的绘画传统（更倾向于在强大的敌人面前表现出对战败者的羞辱）相去甚远。在斯宾诺拉身后，西班牙士兵挥舞着长矛，由此产生这幅画的别名。该画现藏于西班牙普拉多博物馆。

爵才是国王真正的宠臣。贪得无厌的莱尔马公爵让费利佩三世的统治深受腐败之害。莱尔马公爵的权力与影响力极大，1601 年至 1606 年期间，为了获得巨额不正当利益，他甚至提议将皇宫从马德里迁至巴利阿多里德。在莱尔马公爵逝世后，他的儿子再次成为国王的新宠。尽管他曾在解决国家经济问题方面采取重大举措，但总体上表现欠佳。他成立改革委员会来分析国家所遭遇的困难，并提出相应的解决方法。这些方法也被西班牙的下一任君主采纳。

另外，西班牙的外交争端十分频繁。费利佩三世支持尼德兰的继承人 [1]（他的妹妹伊莎贝尔·克拉拉·欧亨妮亚与妹夫奥地利阿尔伯特大公）与联省共和国进行斗争。1600 年，联省军队在沙丘战役（La bataille des Dunes）中获得胜利；1604年，西班牙军队占领奥斯坦德，双方的冲突仍将持续下去。1601 年，西班牙派遣约 50 艘船只的舰队前往不列颠群岛，但是这次征服英国的军事行动并未取得好结果。

数十年的战争造成的经济衰退伴随着国务委员会与议会的复兴，使得费利佩三世的外交政策发生变化。西班牙开始采取和平行动并减少用于对抗英国、荷兰与法国的战争开支，这些举动遏制了西班牙君主制的衰落趋势。

随着费利佩二世的死敌——英格兰女王伊丽莎白一世（Élisabeth Ier）去世，费利佩三世于 1604 年在伦敦与詹姆斯一世（Jacques Ier）签署和平条约。1609 年，西班牙在海牙与荷兰签订停战协议，停战状态一直持续到 1621 年。1610 年，在法国国王亨利四世遭遇刺杀之后，西班牙与法国的关系在玛丽·德·美第奇（Marie de Médicis）摄政期间有所缓和。法国与西班牙王室之间的亲属关系也因两桩联姻而进一步加强——分别是费利佩三世的女儿奥地利的安妮（Anne d'Autriche）与法国国王路易十三（Louis XIII）的联姻以及法国国王亨利四世的女儿伊莎贝尔·德·波旁（Isabelle de Bourbon）与西班牙王位继承人费利佩四世（Philippe IV）的联姻。

但当时并非所有的西班牙外交大臣都认可国王奉行的和平政策。那不勒斯总督

---

[1] 尼德兰北方七省实际上独立组成尼德兰联省共和国，伊莎贝尔与其夫婿奥地利大公仅控制南方的十省。——译者注

西班牙驱逐摩尔人

1609 年 4 月 9 日，在宠臣莱尔马公爵的煽动下，西班牙国王费利佩三世下令驱逐王国境内所有的摩尔人。（16 世纪，西班牙天主教国王将伊斯兰教徒命名为摩尔人。）

伊比利亚半岛上的摩尔人主要集中在曾经的阿拉贡王国、穆尔西亚以及安达卢西亚的农村地区——摩尔人占据瓦伦西亚总人口的三分之一。尽管摩尔人于1502年被迫皈依天主教，但他们仍然是未完全同化的少数民族。由于摩尔人拥有独特的风俗习惯，善于劳动与理财，因此其他基督

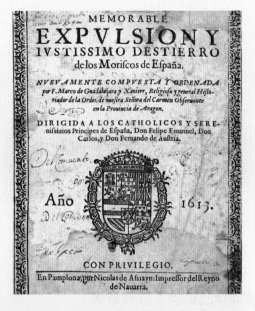

教群体并不信任他们。摩尔人甚至被怀疑与土耳其人以及巴巴里海盗勾结，他们被视为王国内部的威胁。基督教教徒和摩尔人难以融合，这导致后者于1609年被驱逐出境。这次驱逐所带来的影响极大，尤其是在人口稀少的阿拉贡与瓦伦西亚地区。

插图 1613年于潘普洛纳出版的《令人难忘：西班牙驱逐摩尔人》一书的封面，现藏于西班牙国家美术馆。

欧苏纳公爵（Le duc d'Osuna）并不服从王室的命令；米兰总督韦特斯伯爵（Le comte de Fuentes）则持与欧苏纳公爵十分相似的态度。除此之外，一些西班牙贵族认为国王与新教强国签订的和约不仅会损害他们的威望，同时也是对西班牙天主教的一种背叛。但是他们未能说服国王重启战争政策，于是便对费利佩三世政府的一些重大决定采取更为不宽容的态度。因此，在 1609 年至 1611 年之间，这些毫不妥协的贵族残酷地将 27.57 万至 30 万摩尔人从伊比利亚半岛驱逐到非洲。在整个 16 世纪内，虽然这些曾经的伊斯兰教徒改信基督教，但他们依然坚持自己的文化传统并因此受到最激进的天主教教徒的敌视。

在西班牙的一些地区，人口外流所造成的后果尤其严重。当时的编年史作家加

斯帕尔·胡安·埃斯科拉诺（Gaspar Juan Escolano）在提及瓦伦西亚时写道："由于摩尔人被驱逐出境，西班牙最辉煌的王国如今已成为一片黯淡无光的土地。"

最终，黩武的政治主张取得胜利，老迈腐败的莱尔马公爵失去了国王的宠爱，同时三十年战争于 1618 年拉开帷幕。在这一时期，西班牙和奥地利王室之间的联系得到加强。费利佩三世的和平统治——著名的"西班牙治世"（Pax hispanica）时期——似乎仅是一段休战期，一个让西班牙王国恢复军事实力的间隔期。费利佩三世逝世那年，西班牙就再次控制荷兰。1598 年，荷兰吞并奥地利阿尔伯特大公和他的妻子伊莎贝尔·克拉拉·欧亨妮亚的属地。后者是费利佩二世之女，但是她于 1621 年逝世并且没有留下子嗣。因此，西班牙收回这一战略性的领地，并再次扩大其军事影响范围。

准备作战的神圣罗马帝国

神圣罗马帝国内部的宗教情况非常复杂。斐迪南一世（Ferdinand Ier）于 1564 年逝世之后，他的继任者们未能很好地统治帝国。马克西米利安二世（Maximilien II，1564 年—1576 年）、鲁道夫二世（Rodolphe II，1576 年—1612 年）和马蒂亚斯一世（Mathias Ier，1612 年—1619 年）皆是平庸之辈。周边公国的崛起使得他们丧失部分权利。1552 年签署的一系列和平条约中的某些条款，例如阻止神圣罗马帝国宗教世俗化等，从未被新教徒接受。半个世纪以来，皇帝在帝国内部实施的这些条款都收效甚微。17 世纪后几十年中，加尔文派在中欧地区迅速发展。因此，加尔文派诸侯的权力问题亟待解决，这一问题在 1555 年签订的《奥格斯堡和约》（La paix d'Augsbourg）中并未得到妥善处理。《奥格斯堡和约》结束路德派诸侯与加尔文派诸侯之间的武装对抗，但是却忽略了宗教改革的其他运动。

17 世纪最初的几十年内，加尔文派信徒为要求修改宗教法规而纷纷进行抗争。神圣罗马帝国内部的紧张局势不断加剧，社会也开始走向危险的两极分化。不久之后，人们便认识到《奥格斯堡和约》的签订明显只是一次短暂的停战。在整个德意

志属地中，宗教仇恨激化，暴力事件愈演愈烈。印刷书籍与宣传册在神圣罗马帝国内广泛传播，并受到热烈的宣传。而在改革派的内部，这些传单将教皇称为"东方反基督教者穆罕默德的私生子"（Jumeau bâtard de l'Antéchrist oriental, Mahomet）。因此天主教耶稣会士掀起抵抗路德派及新教领袖的运动，这种对抗很快便蔓延到政治与军事领域。

这一变化首先表现为武装同盟的形成。1608 年，一些支持新教和加尔文派的诸侯成立新教联盟，由来自普法尔茨的加尔文主义亲王腓特烈四世（Frédéric IV du Palatinat）率领。为了与新教联盟直接对抗，

一处牢固的堡垒

海德堡城堡是三十年战争期间的重要军事目标。

插图（下图） 神圣罗马帝国皇帝鲁道夫二世的青铜半身像，利昂·莱昂尼（Leone Leoni）于 1603 年创作，现藏于维也纳艺术史博物馆。

斐迪南二世：极端的天主教

1619 年 3 月 20 日，来自哈布斯堡王朝的神圣罗马帝国皇帝马蒂亚斯（Mathias）逝世，他并未留下子嗣。因此，他的堂弟施蒂利亚的斐迪南（Ferdinand de Styrie）继承神圣罗马帝国的皇位。斐迪南二世统治期间，帝国内部天主教与新教之间的激烈斗争再次爆发。这场斗争的开端便是波希米亚革命，这场革命也拉开三十年战争的序幕。

斐迪南二世在宗教方面的不妥协激化了神圣罗马帝国内部的宗教冲突。他是一名虔诚的天主教徒：每天定时参加弥撒、进行忏悔并与教士交谈。斐迪南二世还坚信只有将天主教奉为神圣罗马帝国的官方宗教，哈布斯堡家族的王权才能牢固。自斐迪南二世于1619年成为神圣罗马帝国皇帝之后，波希米亚是第一个反抗其狂热天主教政策的领地。虽然波希米亚革命最终失败，但是这次反抗引发一场影响整个欧洲的战争。这场战争贯穿斐迪南二世的整个统治时期。尽管他于1637年逝世，这场战争仍一直持续到他的儿子斐迪南三世的统治时期。

插图 尤斯图斯·苏斯特曼斯（Justus Sustermans）创作的《斐迪南二世肖像》，现藏于意大利佛罗伦萨彼堤宫。

以巴伐利亚公爵马克西米连（Maximilien）为首的德意志天主教联盟于 1609 年成立。这两个联盟保护其成员宗教信仰的权利，同时维持军队与寻求结盟以防局势恶化。例如，1609 年的朱利叶斯·克莱夫斯公国（Le duché de Juliers-Clèves）的财产继承危机几乎引发一场战争。幸运的是，立即开始的相关谈判以及一系列的休战期令战争的危险于 1614 年彻底消除。尽管神圣罗马帝国皇帝和教皇不属于任何联盟，但是巴伐利亚公爵马克西米连获得西班牙的支持以实现自己的目标。而新教徒一方则在亨利四世逝世后获得来自英格兰与瑞典的支持。

然而，在这种紧张的对峙中，任何事件都可能引发联盟的转变，从而导致大批民众的死亡。

作为哈布斯堡家族的一员，鲁道夫二世不仅是神圣罗马帝国的皇帝，还是波希米亚的国王。1609 年，他给波希米亚王国的新教徒写了一封亲笔信，允诺会保障他们的宗教自由。然而，这一政策的实施造成广泛的非议，反而加剧波希米亚地区的宗教紧张局势。1612 年，马蒂亚斯一世（Mathias Iᵉʳ）登基，这种情况进一步恶化——因为这位新君坚决支持红衣主教梅尔基奥尔·克莱斯（Melchior Klesl）的反宗教改革政策。

鲁道夫二世指定斯蒂里亚公爵斐迪南为自己的继任者。新教反抗者称这位顽固的天主教徒为"支持耶稣会士者"（L'homme des jésuites）。尽管如此，斐迪南还是于 1617 年成为波希米亚国王，并在 1618 年被尊为匈牙利国王。在这两年里，他一直都在等待时机，因为当时的国家缺乏财政收入与军事实力。但是，这一切都在1619 年他成为神圣罗马帝国皇帝时发生了变化。斐迪南二世于 1619 年至 1637 年在位，他在统治期间表现出极端的天主教激进主义。此外，为了有效地提升皇帝威信，斐迪南二世将继承的属地（奥地利和阿尔卑斯公爵领地）与获得的王国领地（波希米亚和匈牙利）集中在自己的管辖之下。

冲突升级

尽管为实现和平做出了努力，但欧洲最敏感的地区之一仍旧爆发战乱。波希米亚以及普法尔茨[2]爆发的战争引发一场影响整个欧洲长达30年的血腥冲突，各方的敌对行动经历多个阶段。

除偶尔发生的冲突之外，17世纪前20年的欧洲保持着一种和平的状态。各个强国通过双边协议逐步解决最为重大的争端。西班牙除了与法国、英国以及荷兰签署条约外，还于1606年与奥斯曼帝国苏丹阿赫迈特一世（Ahmet Ier）缔结休战协定。1613年丹麦与荷兰以及1617年瑞典与俄国都分别签订休战协定。1618年，瑞典和波兰之间以及波兰和俄国之间似乎也即将签订和平条约。然而，这些协定与条约只是临时的解决办法，各签署国都未做出任何实质性的承诺。

斐迪南二世的宗教不妥协政策让波希米亚王国乃至整个神圣罗马帝国的宗教阵营分裂，法国、丹麦与瑞典等强国也对此感到担忧。这些国家认为德意志皇帝中央集权的野心预示着一个与哈布斯堡王朝有联系的天主教强国的到来，这将增强西班牙称霸的实力。整个欧洲的紧张局势不断加剧，以致在地方层面已经无法解决问题。正如一位联省共和国官员于1619年写道："波希米亚战争将决定我们所有人的命运。"

波希米亚与普法尔茨之战

1617年6月，斐迪南大公成为波希米亚国王。根据他接受的耶稣会教育，斐迪南二世赞成天主教的反宗教改革计划。他登基后的第一项政策就是取消鲁道夫二世于1609年批准新教信徒享有宗教信仰自由的敕令。然而，这种旨在巩固个人权力的做法使他遭到波希米亚贵族的彻底反对，宗教与政治争端不断发生。1618年波希米亚起义爆发，同年在著名的第三次"布拉格掷出窗外事件"中，信奉天主教的高级官员被从一扇窗户扔到宫殿外的护城河中。这种对君主的侮辱标志着波希米亚起义的开始。反抗者们组成三十人议会，并迅速寻求新教诸侯的支持。

---

[2] 普法尔茨（Palatinat）是德国历史上一种特殊领地的名字。这种领地的领主称为普法尔茨伯爵，这个头衔的意思是"王权伯爵"（或译为"行宫伯爵"）。——译者注

布拉格统治者被掷出窗口事件

1609 年，鲁道夫二世的亲笔信暂时平息了波希米亚新教徒和天主教徒之间的敌对情绪。1617 年，斐迪南二世加冕为波希米亚国王之后，这种紧张局势又达到顶峰。

1618年5月23日，一群新教贵族冲入布拉格城堡，将波希米亚政府的两名高级帝国官员——天主教徒贾罗斯拉夫·博里塔·德·马丁尼（Jaroslav Borita de Martinic）和维莱姆·斯拉瓦塔·德·克卢姆（Vilem Slavata de Chlum）以及一名办公室职员从窗户中扔出。他们三人虽然摔下城堡，但却因为一堆杂物缓冲而幸存下来。这次行动被认为是对皇帝权威的挑衅，让人想起1419和1483年在布拉格发生的胡斯战役相关的掷出窗外事件。但这一次，新教反抗者并不满足于这种暴力行为。他们致函维也纳，声称这次行动并非针对神圣罗马帝国皇帝，同时驱逐布拉格市政厅内忠于哈布斯堡王朝的步兵。第二天，奉行新教的诸侯聚集在一起，共同选出新政府。1619年，普法尔茨选帝侯弗里德里希五世（Friedrich V）被加冕为波希米亚国王。

插图 版画《布拉格掷出窗外事件》，灵感来自温泽尔·冯·布罗齐克苏尔（Wenzel von Broziksur）的绘画。

巴洛克风格的辉煌（第23页）

布拉格的圣尼古拉教堂是欧洲巴洛克风格宗教建筑的杰作之一。该教堂由克里斯托夫（Krystof）和基里安·伊格纳克·迪恩岑霍夫（Kilian Ignac Dientzenhofer）设计，建于17世纪下半叶的城市重建时期，当时正值白山战役、波希米亚被迫皈依天主教以及君主政权建立的政治变革时期。

斐迪南二世继承马蒂亚斯的皇位，于1619年正式成为神圣罗马帝国皇帝。但是，波希米亚反抗者们拒绝承认他，并拥立普法尔茨选帝侯[3]即弗里德里希五世（1619 年—1620 年）为波希米亚国王。弗里德里希五世被称为"冬王"（Roi d'un hiver），因为他的执政期仅从 1619 年 11 月持续到 1620 年 11 月，弗里德里希五世也是新教联盟的领导者。斐迪南二世难以应对波希米亚激进的人民起义，反抗者很快便控制住布拉格，他们随即向维也纳进军并准备围城。神圣罗马帝国内加尔文

---

[3] 选帝侯：有权选举神圣罗马帝国皇帝的封建诸侯及大主教。——译者注

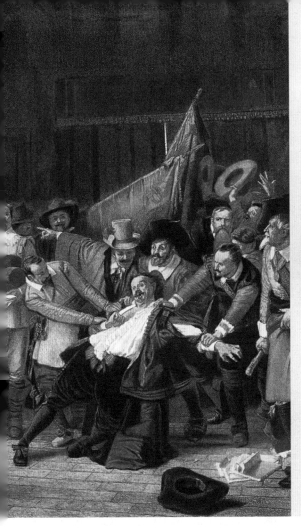

掷出窗外事件的影响 布拉格第三次掷出窗外事件迅速传遍整个欧洲——无论是天主教国家还是新教国家。因为波希米亚局势急剧恶化，西班牙驻维也纳大使也在其寄回西班牙的信件中表达自己恐慌的心情。新教徒则十分乐于见到这一事件的发生，并在报纸、传单以及年鉴内进行广泛宣传。

插图 1618年《战争报》（*Warhafftige Zeitung*）内页中描绘掷出窗外事件的一幅版画。

派诸侯并未对此进行干涉，以反加尔文主义著称的萨克森公爵则选择支持天主教皇帝（斐迪南二世）。

教皇，西班牙、波兰和德意志天主教联盟选择与斐迪南二世并肩作战。1620年，布拉格附近爆发一场决定性的战役。以"身穿盔甲的修道士"（Le moine en armure）著称的蒂利伯爵约翰·采克拉斯（Johann Tserclaes）为天主教徒赢得白山战役的胜利。经过两个小时的战斗，新教军队溃败而逃，普法尔茨遭到入侵并被瓜分。波希米亚和摩拉维亚王国的剩余领地在没有遭遇激烈反抗的情况下便被占领。

天主教在白山的胜利

1620年11月18日，当布拉格圣维托大教堂的钟声在正午时响起，决定波希米亚命运的战争——白山战役在布拉格附近的山丘上打响。由不同背景的雇佣军组成的新教国家军队与神圣罗马帝国天主教皇帝斐迪南二世的军队对峙。传说天主教军队获得胜利是因为得到胜利女神的帮助。这场胜利不仅结束了波希米亚的新教起义，而且造成波希米亚王国失去独立地位而成为哈布斯堡王朝的承袭领地之一。作为波希米亚王国的所有者，斐迪南二世可以随意进行政治镇压与重组天主教。那些未能逃到国外的起义首领都被俘虏了，其中的27人于1621年6月21日在布拉格被斩首。与此同时，德语在波希米亚王国被强制规定为官方语言；宗教宽容政策遭到废除；当地民众被迫皈依天主教。

插画　描绘白山战役的油画，现存于罗马圣母马利亚教堂。

宣告战败

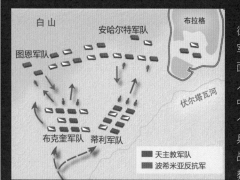

虽然新教军队在山坡上的位置本应有助于军事防御，但是一系列情况造成他们的溃败。一方面，新教军队在拉科夫尼克战役后十分劳累且士气低迷；另一方面，新教军队人数（2万人）少于训练有素的天主教军队人数（2.9万人）。后者封锁了通往布拉格的道路，并集中攻击捷克的中央兵团。捷克中央兵团仅勉力抵抗了两个小时，而匈牙利骑兵和图恩伯爵（Le comte de Thurn）的兵团则溃散而逃。当特兰西瓦尼亚诸侯的3000名骑兵到达战场准备营救新教军队时，战争已经结束。大约5000名新教徒士兵以及1000名天主教徒士兵在那一天丧生。

① **白山** 今天，这里只剩下一堆石头，提醒着人们，布拉格北部边界的这座山在1620年是白山战役（捷克语为Bíle Hore）的战场。

② **天主教军队** 天主教军队包括由布克奎伯爵（Le comte de Bucquoy）率领的神圣罗马帝国军队以及蒂利伯爵（Le comte de Tilly）指挥的天主教联盟军队。

③ **新教军队** 安哈尔特诸侯克里斯蒂安（Christian）指挥的新教军队由捷克、匈牙利与德意志的雇佣军以及来自英国和荷兰的少数军队组成。

④ **帝国骑兵** 帝国骑兵是一支由来自意大利的军队组成的国际部队。其中一部分军队是托斯卡纳大公（Le grand-duc de Toscane）派来的，由阿马尔菲公爵奥塔维奥·皮科洛米尼（Ottavio Piccolomini）率领。

⑤ **黑桃林** 经历过弗兰德地区无休止的战争锻炼后，蒂利伯爵和布克奎伯爵指挥下的西班牙方阵（Tercio）在白山战役中表现突出。

⑥ **布拉格** 新教军队失败后，布拉格城未做任何抵抗便向神圣罗马帝国军队投降。"冬王"弗里德里希五世逃离布拉格。波希米亚王国直到1918年才重获独立。

天主教压倒性的胜利带来极大的影响。斐迪南二世将波希米亚变成自己的承袭国。波希米亚王国的王位必须在奥地利的哈布斯堡家族中传承，无须获得议会的同意。斐迪南二世还撕毁鲁道夫二世的亲笔信并开始迫害加尔文派信徒。路德教牧师或遭到驱逐或锒铛入狱，而耶稣会士则重新回到宗教信仰以及宗教教育的中心。

普法尔茨遭到入侵并被瓜分，西班牙和巴伐利亚势力开始控制这一地区。1623年前后，斐迪南二世所捍卫的天主教似乎在神圣罗马帝国内部取得决定性的胜利。新的领土分配有利于天主教诸侯，这使得他们在选帝侯中的人数显著增加。巴伐利亚王国的马克西米利安获得选帝侯的头衔与普法尔茨地区的控制权。在此之后，他在普法尔茨掀起一场系统的、激进的反宗教改革运动。

但奥利瓦雷斯公爵（Le comte-duc d'Olivares）于1621年在西班牙的掌权标志着西班牙侵略黩武政策的回归。因此，西班牙再次发动反对联省共和国的战争，而这毫无疑问使得新教强国感到不安。

在神圣罗马帝国内部，一些新教诸侯试图联合起来寻求外国势力的支持。事实上，天主教徒和新教徒之间的战争火焰并未熄灭。例如，来自不伦瑞克地区的极端基督教徒欧内斯特·冯·曼斯菲尔德（Ernest von Mansfeld）或来自巴登-杜拉赫的格奥尔格·弗里德里希（Georg Friedrich）等新教军阀，率领着雇佣武装军队摧毁德意志地区，并没有给胜利的天主教军队以任何喘息的机会。

丹麦插曲

丹麦国王克里斯蒂安四世（Christian Ⅳ）最终成为新教的伟大捍卫者。这位路德教徒以荷尔斯泰公爵的身份成为神圣罗马帝国的一位诸侯。除了宗教信仰之外，克里斯蒂安四世还对继承易北河和韦斯尔河之间德意志主教管辖的世俗领土十分感兴趣。在地缘层面上，他必须战胜意图在波罗的海称霸的瑞典（瑞典是丹麦在该地区的主要竞争对手）。这位丹麦国王不仅好战，还受到来自英格兰与联省共和国以及法国黎塞留红衣主教外交战略的影响。克里斯蒂安四世发动战争，但却没有考虑到天主教阵营军事实力的变化。

阿尔伯莱希特·冯·华伦斯坦（Albrecht von Wallenstein）元帅的雄心与军事才能

1625 年 7 月 25 日，斐迪南二世任命雄心勃勃的捷克贵族阿尔伯莱希特·冯·华伦斯坦为军队统帅。华伦斯坦带领一支自费供养的雇佣兵军队，在萨克森州的战役中取得巨大的成功，最终成为一位权势滔天的人物，但很快便让皇帝感到威胁。斐迪南二世于 1630 年罢免华伦斯坦，4 年后这位将军遭到暗杀。

华伦斯坦1583年出生于没落的捷克贵族家庭，他在年少时期就表现出极大的志向。尽管在路德教的影响下长大，但为了在神圣罗马帝国军队中谋得职位，华伦斯坦于1606年改信天主教。1609年，他迎娶了一位富有的寡妇；而在1620年白山战役之后，捷克贵族们被处死，华伦斯坦则趁势私吞了一部分贵族的财产，这使他成为波希米亚地区最富有的人物。华伦斯坦财力雄厚，以致他向皇帝提议要建立自己的军队，与天主教军队并肩作战。也正因如此，他于1625年成为神圣罗马帝国军队元帅，直到1630年被解职。两年后，斐迪南二世再次向他求助。但是由于怀疑华伦斯坦图谋叛国，斐迪南二世还是决定处死他。华伦斯坦得知消息后企图逃亡，但最终于1634年2月25日在切布城被暗杀。

插图 华伦斯坦的青铜雕像，位于布拉格沃伦斯坦花园内。

由于皈依天主教的捷克贵族阿尔伯莱希特·冯·华伦斯坦的助力，神圣罗马帝国的军队实力得到加强。华伦斯坦的军事才能为他赢得了皇帝的赏识。斐迪南二世将波希米亚北部的弗里德兰地区赐予华伦斯坦作为封地（最初封为公侯领地，后又加封为公爵领地）。引人注目的弗里德兰公爵是一位真正的军阀。由于他的帮助，神圣罗马帝国皇帝不再完全依赖天主教联盟的军队，这也就意味着虽然帝国内的诸侯都信奉天主教，但是他们仍然希望在天主教联盟中拥有高度的政治自治权利。华伦斯坦向皇帝承诺招募两万名武装雇佣军，并用自己的财富来供养军队。这支强大的军队不仅在战场上毫不手软地通过抢劫和掠夺获得财富，而且极大提高了天主教阵营的军事效率。这支军队中极少出现逃兵，华伦斯坦在计划招募军队的时候就已经知晓如何预测和应付这种现象。因此，他在战场上赢得多

克里斯蒂安四世

丹麦君主的马术肖像，赠予卡雷尔·范曼德三世（Karel van Mander Ⅲ）（创作于约 1640 年，现藏于哥本哈根罗森堡城堡）。克里斯蒂安四世在位时间长达 59 年，是丹麦历史上在位时间最长的一位君主。他通过军事与经济改革积极促进海上贸易的发展，这也促进了丹麦帝国的扩张。

次胜利。1626 年，克里斯蒂安四世的军队于卢特战败后，帝国军队占领丹麦的荷尔斯坦、石勒苏益格和日德兰半岛。除此之外，丹麦还不得不割让梅克伦堡和波美拉尼亚公爵属地。

1629 年，斐迪南二世颁布所谓的《归还教产敕令》（L'édit de Restitution），这标志着神圣罗马帝国内宗教政策的转变，他声称要让帝国回到 16 世纪的宗教环境。根据敕令，自 1552 年签订《帕绍条约》（L'édit de Passau）以来，所有天主教会被没收的土地（包括 100 多座修道院及其周围土地）都必须归还。此外，只有那些签署 1530 年起草的《奥格斯堡信纲》（Confessio Augustana）的新教徒才能继续享有宗教自由。其他所有教派都被视为"邪教组织",他们的教会必须解散。斐迪南二世单方面颁布这项敕令,甚至没有事先征求帝国议会的意见。这一独裁决定引起包括巴伐利亚公爵在内的几位天主教诸侯的反对。然而,蒂利伯爵和元帅华伦斯坦所指挥的天主教联盟军队却严格地执行《归还教产敕令》。

两个月后,1629 年 5 月 29 日签订的《吕贝克和约》(*La paix de Lübeck*)结束丹麦对三十年战争的介入。克里斯蒂安四世抛弃了他的新教盟友,以换取被神圣罗马帝国军队占领的丹麦领土。但是梅克伦堡公爵领地内的财产却归华伦斯坦元帅所有。和平似乎如此稳固,以致斐迪南二世向部分天主教阵营做出妥协,尤其是巴伐利亚派系与 1630 年雷根斯堡诸侯会议(*L'assemblée électorale de Ratisbonne*)——他削去华伦斯坦的军队指挥权并遣散其大部分军队(这些军队因野蛮掠夺而声名狼藉)。德意志天主教军队则因为是在蒂利伯爵的指挥下而幸免于难。

全面战争

1630 年 6 月,瑞典国王古斯塔夫二世率军登陆波美拉尼亚海岸,再次发动战争。由于古斯塔夫二世和刚刚被罢免的梅克伦堡公爵(华伦斯坦)之间的亲属关系,瑞典成为新教阵营的捍卫者。在这些局势争端的背后,隐藏着瑞典企图称霸波罗的海地区的野心。这也需要瑞典在欧洲大陆,特别是在波美拉尼亚和普鲁士地区占有一席之地。此外,瑞典还与法国首相黎塞留签署互惠互助协议(法国因为与西班牙的冲突而日益卷入德意志地区的困境)。法国每年向瑞典提供 100 万里弗[4]的援助,以换取古斯塔夫二世承诺在战争结束后尊重其帝国领土内的天主教信仰。

1631 年 5 月,在占领梅克伦堡之后,古斯塔夫二世得到所有新教诸侯的支持,萨克森和勃兰登堡选帝侯成为他的主要盟友。1631 年 6 月至 1632 年 11 月,瑞典军队在"大进军"期间(*Grande Marche*)屡战屡胜。军队士兵内心充满为瑞典人和虔诚新教徒而战的热情。为了鼓舞士气,军队允许普通士兵晋升至任意等级,只要

---

[4] 里弗(Livre):古时法国货币单位及其银币。——译者注

中欧，一个被摧毁的战场

三十年战争中的战役

1618 年，起初仅是神圣罗马帝国领土的一部分——波希米亚王国的一次起义，迅速地演变成为大规模冲突。虽然这场冲突仅限于中欧地区，但却影响到整个欧洲大陆。

1628年，瑞典国王古斯塔夫二世强调："欧洲所有的战争都是一场战争。"事实上，情况确实如此：尽管在白山战役中波希米亚起义遭到镇压，但随着新的势力卷入战团，新教徒和天主教徒之间的冲突最终变得十分普遍。英国与荷兰率先力挺新教徒，丹麦（1625年起）、瑞典（1630年起）以及法国（冲突结束前几年）都加入支持新教徒的阵营。法国虽然是天主教国家，但由于与神圣罗马帝国和西班牙哈布斯堡王室的敌对而采取这一立场。西班牙毫无疑问依旧支持天主教阵营，随后来自意大利与弗兰德地区的士兵也加入该阵营。而中欧地区从最初就是冲突的主要战场，它不仅经历了战乱，还遭受了饥荒与传染病的摧残。

他能取得战功。这一策略不仅能够激励士兵英勇作战，也使得军队能够在军官战死的情况下迅速、持续地重新组织起来。除此之外，古斯塔夫二世还要求军队穿着统一制服，并为士兵提供御寒的羊皮背心。他率领的军队实力令人印象深刻：步兵纵队由两个军团组成，每团各 2000 名士兵，其中一部分人手持短筒火枪，另一部分人手持长矛。因为拥有更为轻便的大炮，瑞典的炮兵部队在战斗中表现出更敏捷的灵活性与更卓越的战斗力。尤其在最初的几次遭遇战中，瑞典军队上述一系列创新的举措都让敌军感到措手不及。

1631 年 9 月，蒂利伯爵在布莱登菲尔德战役

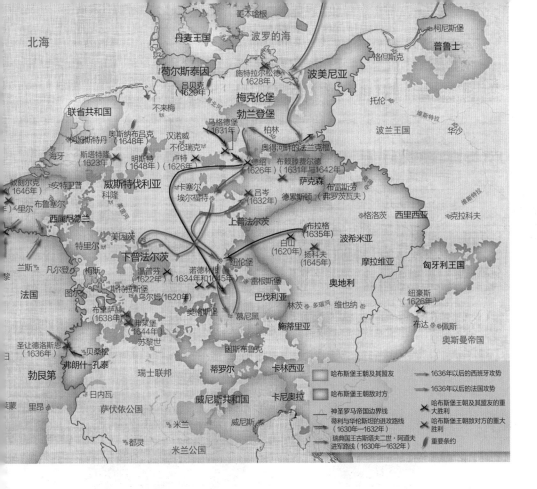

北海

丹麦王国 波罗的海 普鲁士

哥本哈根 柯尼斯堡

荷尔斯泰因 施特拉尔松德 波美尼亚 格但斯克
吕贝克 （1628年）
（1629年）
梅克伦堡 托伦
不来梅 勃兰登堡
联省共和国 马格德堡 柏林 波兰王国 华沙
阿姆斯特丹 奥斯纳布吕克 汉诺威 （1631年）
（1648年） 奥得河畔的法兰克福
海牙 斯塔特隆 明斯特 不伦瑞克 卢特 布赖滕费尔德
（1623年） （1648年） （1626年） 维特斯托克 （1631年与1642年）
敦刻尔克 布雷绍 萨克森
（1646年） 安特卫普 科隆 （1626年） 吕岑 德累斯顿（弗罗茨瓦夫）
里尔 布鲁塞尔 卡塞尔 （1632年） 格洛茨 西里西亚
西属尼德兰 埃尔富特 克拉科夫
特里尔 美因茨 上普法尔茨 布拉格
（1635年）
兰斯 凡尔登 梅斯 下普法尔茨 白山 波希米亚 匈牙利王国
（1620年） 扬科夫
法国 图尔 纽伦堡 （1645年） 摩拉维亚 纽豪斯
斯特拉斯堡 诺德林根 雷根斯堡 （1626年）
温普芬 （1634年和1645年） 奥地利
勃里萨赫 乌尔姆（1620年） 巴伐利亚 布达 佩斯
（1638年） 奥格斯堡 慕尼黑 林茨 多瑙河 奥斯曼帝国
井莱堡 施蒂里亚 维也纳
圣让德洛讷恩 （1644年）
（1636年） 苏黎世 因斯布鲁克
贝桑松
弗朗什-孔泰
勃艮第 瑞士联邦 蒂罗尔 卡林西亚
里昂 日内瓦 卡尼奥拉
都灵 萨伏伊公国 威尼斯共和国
米兰 威尼斯
米兰公国

哈布斯堡王朝及其盟友 ⟶ 1636年以后的西班牙攻势
哈布斯堡王朝敌对方 ⟶ 1636年以后的法国攻势
神圣罗马帝国边界线 ✕ 哈布斯堡王朝及其盟友的重大胜利
蒂利与华伦斯坦的进攻路线 ✕ 哈布斯堡王朝敌对方的重大胜利
（1630年—1632年）
瑞典国王古斯塔夫二世·阿道夫 ◆ 重要条约
进军路线（1630年—1632年）

中失利，瑞典军队依旧控制着易北河战线。1632年11月，即使是恢复元帅职位的传奇人物华伦斯坦也在莱比锡附近的吕岑被瑞典军队击败。但古斯塔夫二世在这场战斗中不幸丧生。1633年，尽管法国努力持续向哈布斯堡王朝施压，但古斯塔夫二世的死亡还是导致新教联盟不可逆转地走向解散。瑞典首相阿克塞尔·奥克森谢尔纳（Axel Oxenstierna）在推行已故君主雄心勃勃的计划时遇到极大的困难。勃兰登堡选帝侯对成为瑞典的保护国提出难以接受的条件。萨克森选帝侯则为了损害瑞典的利益而公开与神圣罗马帝国皇帝进行和平谈判。

在天主教阵营内部，神圣罗马皇帝视华伦斯坦

联省共和国民兵
（第34—35页）

这幅画描绘了雷尼尔·瑞尔（Reynier Reael）上尉与中尉科内利斯·米切尔斯·布劳（C.M. Blaeuw）领导的阿姆斯特丹民兵连队，因队内的持戟步兵大多体形瘦弱而又称为"瘦民兵连"（La Maigre Compagnie）。这是荷兰画家弗兰斯·哈尔斯（Frans Hals）最为著名的画作，创作于1633年至1637年间，即三十年战争的巅峰期。但这幅画最终是由另一名荷兰画家彼得·科德（Pieter Codde）所完成，现藏于阿姆斯特丹荷兰国立博物馆。

为危险，因为华伦斯坦自称为波希米亚的国王。随后，华伦斯坦因为勾结敌人而遭到天主教徒与新教徒的谴责。斐迪南二世解除华伦斯坦的军事职务，并于1634年2月暗杀了他。尽管这位伟大的将军陨落，但是1634年9月天主教军队仍在诺德林根击败瑞典军队。和平谈判于次年5月在萨克森选帝侯的支持下开启。《皮尔纳初步协议》（*Les accords préliminaires de Pirna*，1635年5月于布拉格签署最终协议）确立奥格斯堡的永久和平，放宽《归还教产赦令》的施行范围，并决定通过解散天主教联盟来进行大规模的赦免。在接下来的几个月内，所有德意志诸侯都签署了这项和约。

然而，多年以来，德意志的这场战争不再仅仅是一场地区性的战争。在皮尔纳和布拉格达成的《日耳曼和解协议》（*L'accord de réconciliation germanique*）既不符合法国也不符合西班牙的目标。奥利瓦雷斯对联省发动了一场无情的战争，他认为加强西班牙在莱茵兰地区的地位至关重要。黎塞留则对这些和平协定的成功签订感到担忧。对他来说，法国向哈布斯堡王朝宣战的时机已经来临。1635年初，法国与联省、瑞典和萨伏依[5]签署同盟条约，同时也在战场前线为古斯塔夫二世的前副官——萨克森-魏玛的伯纳德（Bernard de Saxe-Weimar）提供军事援助。1635年5月19日，法国国王正式向西班牙宣战。一年后，西班牙皇帝又向路易十三宣战。

冲突持续了10多年，持久的战争状态逐渐让位于寻求某种形式的和平。外交大臣们在各国王室间进行谈判，士兵们在战场上作战，人民遭受极大的痛苦。一本《圣经》内的旁注（写于1647年1月17日）模棱两可地描述了当时的情况：“人们说可怕的战争已经结束，但却没有任何和平的迹象，有的只是仇恨和暴力。这就是我们从战争中得到的结果…… 我们活得像野兽一般，啃食地上的枯草……许多人都说上帝并不与我们同在。”

---

[5] 萨伏依（Savoie）：法国东南部和意大利西北部历史地区。从11世纪起，萨伏依就是神圣罗马帝国领土的一部分。——译者注

法国支持下的和平

战火蔓延到欧洲的大片地区。在神圣罗马帝国内部，从荷兰到意大利，甚至在整个比利牛斯山脉沿线，法国军队开始猛烈攻击哈布斯堡王朝的各处领地。

然而，最初的结果并没有达到黎塞留的期望。法国的财政状况非常糟糕，军队装备匮乏，作战策略不当。1636 年，西班牙军队再次主动出击，在皮卡迪和勃艮第开辟了两条战线。同年 8 月，对西班牙骑兵袭击的恐惧在巴黎城内引发恐慌。但在接下来的几年内（1637 年—1642 年），法国及其盟友的军队进行重组，并在战场上取得显著的成功。

在阿尔萨斯地区，许多城市选择接受路易十三和萨克森-魏玛的伯纳德的保护。后者于 1637 年横渡莱茵河，巩固他在布里萨赫的阵地。次年，德意志将军的去世使法国趁势遏制其军队，也让法国有机会恢复对布里萨赫飞地和阿尔萨斯大部分地区的统治。法国著名将领杜伦尼（Turenne）与昂吉安则主动采取军事行动。

在弗兰德地区，法国与荷兰的结盟使得法国军队得以进入阿尔多瓦境内，并于 1640 年 8 月攻占阿拉斯城。而在比利牛斯战场的前线，鲁西永地区的众多要塞城市陷落，同时法国军队在加泰罗尼亚地区建立起独立的保护国（加泰罗尼亚曾起义反抗西班牙的统治）。最后，在德意志战场前线，继任的神圣罗马帝国皇帝斐迪南三世不得不再次率领军队抵抗入侵西里西亚与波希米亚的瑞典军队，后者于 1642 年击败神圣罗马帝国军队。

正是从这时起，两股支持全面战争的势力在短短几个月内便消失在战场上。1642 年 12 月 4 日，黎塞留红衣主教于巴黎逝世。1643 年 1 月，奥利瓦雷斯公爵失去西班牙国王的信任。战场上的士兵疲惫不堪，而天主教军队却依旧向法国发起最后攻势。1643 年 5 月 19 日，年轻的昂吉安公爵（Le duc d'Enghien）（于 1646 年成为孔代亲王）在罗克鲁瓦击败强大的神圣罗马帝国军队（总计 2.5 万名士兵）。在这场战斗中，西班牙军队丧失了战无不胜的声誉。

法国国王路易十三于 1643 年逝世，而新的权臣——马萨林红衣主教（Le cardinal de Mazarin）依旧坚持好战政策，完全不顾哈布斯堡王朝求和的意愿。

罗克鲁瓦——战争的转折点

1643 年 5 月 19 日，在弗兰德地区的罗克鲁瓦城，西班牙军队节节败退。费利佩四世曾凭借这支军队在欧洲战场上赢得许多场胜利，从而推动西班牙帝国的扩张。

1642 年，黎塞留主教去世；约两个月后，奥利瓦雷斯伯公爵退出政治舞台。但是这并没有改变法国和西班牙侵略性的强硬外交政策。两国非但没有开始和平谈判，反而越来越多地卷入战争中，但由于战线拉得过长，这场战争已然无法维持下去。随着战争的不断爆发，1643 年，西班牙人决定从弗兰德地区入侵法国，试图削弱法军自1640年以来对加泰罗尼亚武装叛乱施加的影响。然而，西班牙在罗克鲁瓦的惨败成为这场战争的转折点。自此，西班牙无法从荷兰一侧发动另一拨攻势，甚至不可能向那里派遣增援部队。

插图 《罗克鲁瓦之战》，法国艺术家索维尔·勒孔特（Sauveur Le Conte）于1688年创作的油画，现藏于法国尚蒂依孔代美术博物馆。

在德意志地区，杜伦尼子爵和昂吉安公爵率领的法国军队于弗莱堡以及诺德林根第二次战役中击败神圣罗马帝国军队。1646 年，在瑞典军队的支持下，时任驻德意志法军司令的杜伦尼率领军队入侵巴伐利亚。巴伐利亚公爵别无选择，只能于 1647 年 3 月与法国签署临时停战协定。但几个月后，巴伐利亚公爵再次起兵，而法瑞联盟军则迅速进行反击，并在奥格斯堡附近的楚斯马斯豪森城取得胜利。随后法瑞联军便前往维也纳城，瑞典军队在入侵波希米亚后也向布拉格进军。而仅在宣布签署《威斯特伐利亚和约》[其中包括 1648 年 8 月 6 日签署的

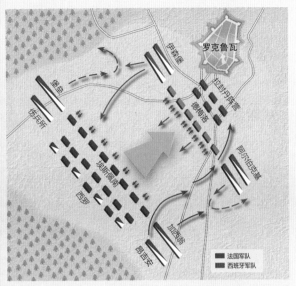

孔代亲王的战略 1643年5月19日，法国与西班牙军队在与比利时接壤的罗克鲁瓦城内发生武装冲突。法军共计2.3万名士兵，由孔代亲王及昂吉安公爵路易二世（Louis Ⅱ, le prince de Bourbon-Condé et duc d'Enghien）指挥；西班牙军共计2.5万名士兵，由联省王国统治者弗朗西斯科·德梅洛（Francisco de Melo）率领。法军骑兵迅速展开攻势，击溃西班牙骑兵部队的左翼，并通过这一缺口袭击敌方步兵团；这一系列的攻击使得西班牙军队无力反击。

《奥斯纳布吕克和约》（*Le traité d'Osnabrück*）以及同年9月8日签署的《明斯特和约》]之后，法瑞联军才停止对维也纳的最后攻势。与此同时，这场战争却对西班牙造成不同的影响。马萨林主教以意大利境内的一次起义为借口，对那不勒斯以及已经反对费利佩四世的加泰罗尼亚地区进行干涉，但是法国仍然无法取得决定性的胜利。而在荷兰境内，孔代亲王于1645年至1648年间在弗兰德地区的海域内多次取得胜利。其中一些战役甚至达到史诗级的规模，例如，1648年的朗斯战役，尽管荷兰军队希望西班牙和联省共和国之间签署一份单独的和平协议，但孔代亲王还是在这场战役中击败数量上占巨大优势的西班牙军队。几周后，法国决定签署《威斯特伐利亚和约》。

《威斯特伐利亚和约》

一位随军多年的妇女这样描述 1648 年的欧洲："我出生于战争中，没有家庭、没有国家、没有朋友……我唯一的财富便是战争，而现在我要去哪里？"《威斯特伐利亚和约》结束了摧毁整整一代欧洲人生活的冲突。长久以来，人们不得不相信战争是一切事物的正常秩序，并将其当作看待生活的唯一视角。当然，和平条约的签订尝试改变这种情况，但是条约显然无法治愈数十年战争给人民带来的惨痛创伤。

虽然 1648 年往往被视为三十年战争的结束时间，但实际上在随后的 4 年多里，谈判仍在继续。神圣罗马帝国皇帝、法国和瑞典于 1641 年接受条约中的大部分内容。从 1643 年开始，神圣罗马帝国特使为促进条约的达成而定期参加与法国和瑞典代表的协商会议。尽管神圣罗马帝国皇帝多次表现出不情愿，但是协商最终还是取得了成功。

1644 年，在罗马教廷特使的调解下，神圣罗马帝国特使、各诸侯国以及重要城市使者、西班牙与法国大使、瑞士各州与联省共和国代表以及意大利各国王派遣的使者于明斯特市（Münster）举行会议。在奥斯纳布吕克市（Osnabrück），使者们主要就瑞典和神圣罗马帝国之间的问题进行协商。但所有谈判都无限期地进行下去，并没有产生任何实质性的结果。1648 年 1 月，西班牙与联省共和国签署和平条约：西班牙承认联省共和国独立，让出斯海尔德河的贸易利益以及弗兰德地区的领土，并将伯格-普-祖姆（Berg-op-Zoom）、布雷德（Brède）和马斯特里赫特（Maastricht）等要塞以及一些海外贸易点割让给联省共和国。西班牙借此结束荷兰一侧的军事冲突，以便集中力量对付法国。但在 1648 年 10 月 24 日，西班牙的传统盟友——奥地利哈布斯堡王朝，在德国盟友，尤其是巴伐利亚公爵的施压下，与法国签署和平条约。

《威斯特伐利亚和约》的条款表现出奥地利哈布斯堡王朝的失败与法国外交政

策的胜利。斐迪南三世不得不接受神圣罗马帝国内部的宗教分裂和皇权削弱的局势。《奥格斯堡和约》最终确定的条款不仅有利于路德派，也有利于加尔文派的发展。关于宗教世俗化，神圣罗马帝国内部的民众同意恢复到 1624 年 1 月 1 日时的状况，这意味着天主教徒将失去因 1629 年敕令所获得的补偿。法国及其盟国以"德意志自由"的名义限制神圣罗马帝国皇帝的权力，加强 350 个德意志诸侯国的主权，赋予它们彼此之间或与外国结盟的权利，但不包括可能不利于皇帝或共同和平的结盟。各诸侯国内实现高度自治，连帝国议会的权力在其境内都受到限制，某种程度上可称其为"无政府状态"。选帝侯待选人的名额配比也发生了变化，如今由 3 名新教选帝侯和 5 名天主教选帝侯组成。而勃兰登堡诸侯则获得哈尔伯施塔特和明登的世俗化主教辖区、东波美拉尼亚的大部分地区以及马格德堡大主教辖区的主权；通过这些领土变动，勃兰登堡诸侯成功控制德意志主要河流的中游地区。

在领土方面，法国获得梅斯、图尔和凡尔登等地，以及阿尔萨斯的大部分地区。由于古斯塔夫·阿道夫将军的胜利，瑞典国王赢得西波美拉尼亚和东波美拉尼亚的部分地区。在收获斯特廷和维斯马两座城市，以及不来梅和韦尔登的主教区之后，瑞典成功实现控制德国主要河流（奥得河、易北河和威悉河）入海口的梦想。瑞典帝国借此将疆域扩展到波罗的海沿岸。

瑞典和法国成为和平协议签订的保证国，这将允许它们对德意志地区进行干预。尽管如此，《威斯特伐利亚和约》并不意味着三十年战争的结束。例如，波罗的海的紧张局势以及法国与西班牙之间旷日持久的冲突仍在继续；作为战争导火线的波希米亚因为战败也受到严重的影响。天主教和新教势力都未能成功实现最初设定的目标。

尽管据称当时的描述夸大了这场战争造成的破坏程度，但是部分地区的确十分荒凉。战争、饥饿和疾病造成奥格斯堡四分之三的人口、符腾堡和图林根五分之四的人口，以及更大比例的普法尔茨人口死亡。波希米亚地区在冲突开始时共有 400 万居民，而签署和平条约时仅剩 80 万人。虽然并非所有从波希米亚和其他地区消失的人都死于战争，但是人们流离失所和四处逃亡成为一种普遍的现象。更详细的

威斯特伐利亚：无休止冲突的终结

从 1644 年明斯特和平谈判开始，双方共花费 4 年时间才结束这场对欧洲社会造成毁灭性打击的战争。

在这场漫长而艰难的谈判过程中发生了一些奇怪的故事。例如，来到明斯特的代表们每两人共享一张床，并且每位代表还会分到两到三升的酒……不过，除去遭遇诸多不便与酒水供应，由于需要不断地咨询各自的政府，因此商讨极为缓慢并产生大量的往来信件。除此之外，谈判还受到战争进程所造成的波动影响，随着优势从一方转移到另一方，谈判的局势也不断变化："愿我们能尊重和爱护这来之不易的和平与友谊，以热忱的态度互相对待，并努力为彼此带来利益、荣誉和好处。"

插图　《签署明斯特条约》，荷兰画家杰拉德·特·博尔赫（Gerard ter Borch）创作于1648年，现藏于阿姆斯特丹国立博物馆。

《威斯特伐利亚和约》

图为 1648 年《威斯特伐利亚和约》签署之际所制造的纪念勋章。经过 4 年的艰苦谈判，该条约结束了三十年战争。长达 30 年的战争使得中欧地区遭到严重破坏，大部分地区人口稀少。

记载显示，战争造成的基础设施和农作物的破坏以及抢劫行径，严重影响了许多村庄和城镇的经济。人民集体的痛苦导致世界末日说甚嚣尘上，使得世界末日即将到来的信念得以广泛传播。

三十年战争是欧洲最后一场大规模的宗教战争。1648 年后，各基督教教派失去对大国政治决策的决定性影响。经过 30 年的激烈争斗，国际关系发生了深刻的变化。世袭君主制国家再也无法仅凭一己之力主宰欧洲大陆的版图。在英国和联省的共和制实验将国家政治身份牢牢地置于宗教信仰之上。同样，君主和大臣在行使权力时逐渐不再受到宗教信仰的影响。与此

同时，罗马教皇的战略作用逐渐消失。从此以后，欧洲的问题不再是捍卫法律或宗教原则的问题，而是武力称霸的问题。随着法国国王路易十四试图在欧洲实行霸权，一种新的政治实践观念接踵而至，并对大部分欧洲国家产生影响。

阿姆斯特丹——联省共和国首都

《阿姆斯特丹的水坝广场》，雅各布·范德乌尔夫特（Jacob Van der Ulft）于 1659 年所绘，现藏于法国尚蒂依孔代美术博物馆。

插图（右侧） 刻有詹姆斯一世徽章盾牌的 17 世纪蓝色彩釉瓷砖，现藏于伦敦大英博物馆。

大西洋世界的鼎盛时期

∞

英国、联省共和国内部都经历了激烈的冲突，两国不得不为维护各自的国家地位而对抗欧洲传统强国。这实际上反映出英国与联省共和国在经济发展与政治稳定方面所遭遇的危机。联省共和国成为世界贸易的仓库，而随后英国的崛起使联省共和国在海上贸易与工业发展中逐渐黯然失色。

∞

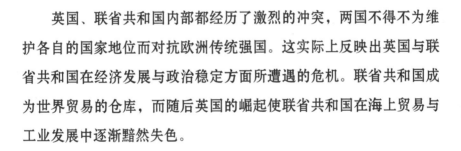

17世纪，英国成功获取欧洲海洋的控制权，此后一直面临着来自联省共和国和法国直接且久远的竞争。这个挑战可不小，因为当时的英国已经经历两次最终演变为内战的革命。第一次革命发生于1649年，在查理一世（Charles Iᵉʳ）被处决后，英国确立共和体制。第二次革命发生于1660年，奉行天主教的斯图亚特王朝的复辟为革命奠定基础。尽管如此，1686年颁布的《权利法案》仍在英国成功建立起以新教传统和英国国教的契约精神为基础的议会制度。这些深刻的政治变革的起源可以追溯到伊丽莎白一世（Élisabeth Iᵉʳ）的统治末期（英国辉煌的伟大时期之一）。伊丽莎白一世的逝世，犹如"最亮的太阳终落入西边"，整个王国仿佛陷入黑暗。

斯图亚特王朝的统治始于 1603 年 3 月 24 日，当时伊丽莎白一世女王逝世，她并未生下继承人，都铎王朝就此终结。传奇女王玛丽·斯图亚特（Marie Stuart）之子——苏格兰国王詹姆斯六世（Jacques Ⅵ）登上王位，统一了英格兰与苏格兰，并于 1603 年至 1625 年间以英王詹姆斯一世（James Ⅰer）的称号统治着两个王国。但是他很快便失去人心。自负的性格与丑陋的外表使他不断遭到嘲弄甚至谋害。此外，詹姆斯一世所推行的专制主义使王室与强大的英国贵族之间产生许多摩擦。尽管臣民们支持君主的存在，但是詹姆斯一世的极端君权主义引发许多争议。他宣称"君权神授"，并将罗马格言"国王来自上帝，而法律来自国王"（A Deo rex, a rege lex）作为座右铭。尽管这一权威原则在苏格兰历史上有其根源，但它很快就被证明在英格兰的议会大厦中是行不通的。

英国：君主制与议会

尽管詹姆斯一世主张独裁，但他最初对英国的法律和传统，特别是议会的特权给予应有的尊重。在其统治期间，他尽量避免召开议会，而更愿意巧妙地绕过议会的管辖范围。例如，由于议会负责控制王国征收的直接税，詹姆斯一世制定新的税收政策，对消费品征收关税或对烟草等产品建立垄断。虽然此举收益不多，但却给予君主一定程度上的自主权。

詹姆斯一世积极促进英格兰与苏格兰王室的统一。为此，他试图将英国圣公会和长老会联合起来。但这一举措引发紧张局势，因为清教徒逐渐在英国占据重要地位，特别是在下层贵族和资产阶级中。清教徒或"纯洁的捍卫者"要求英国圣公会"净化"所有让人联想到天主教礼仪习俗的仪式、典礼和庆祝活动。在最为激进的声明中，他们声称英国圣公会主教团的行为与上帝律法的诫命公然背道而驰。

宗教形势急剧恶化，其原因是自视为新所罗门王的詹姆斯一世决定促成天主教徒和新教徒之间的和平。大多数英国人却认为詹姆斯一世对天主教徒的仁慈就意味着向西班牙投降,因此尽管他采取了一些举措,但天主教徒仍然处于被边缘化的位置,这使得他们最终变得十分激进。1605 年"火药阴谋"发生,在盖伊·福克斯领导下,一群天主教徒试图在议会会议期间炸毁威斯敏斯特宫从而杀死国王。然而阴谋败露,且激起英国民众的反天主教情绪。虽然清教徒并不好战,但是他们未能逃脱迫害和监禁。在这种背景下,英国清教徒于 1620 年开始移民到北美新大陆,即著名的"五月花号上的清教徒"(Pilgrim Fathers of Mayflower)。

1618 年,国王将其大部分职责委托给宠臣乔治·维利尔斯(George Villiers),并封他为白金汉公爵。这一决定引起民众的抗议。因为维利尔斯是一名投机者,喜好炫耀和奢华。此外,他对西班牙和法国和平的外交政策远未获得普遍支持。当詹姆斯一世于 1625 年去世时,他在人民的心目中只是一个挥霍无度、痴迷于在威斯敏斯特宫举办宴会的君主。

查理一世(Charles Ier)统治时期的和谐与暴政

1625 年至 1642 年间在位的查理一世展现出与他的父亲完全相反的形象。他英俊而勇敢,在寻求拉近与议会的关系方面表现出政治上的审慎。至少在统治初期,他一直保持着这种态度。但是,查理一世像詹姆斯一世一样,盲目地相信君权神授。他将民众厌恶的宠臣白金汉公爵留在身边,这使得社会局势一度紧张。另一位人民憎恨的宠臣是威廉·劳德(William Laud)主教,他因严厉镇压清教徒而臭名昭著。1629 年,当议会因拒绝国王设立新税种的要求而被解散时,查理一世毅然选择掌握绝对的权力。

从 1629 年到 1640 年,查理一世的"暴政"共持续 11 年。议会被解散迫使国王削减王室开支并寻找新的资金来源。查理一世利用自己不容置疑的权力颁布法案,征收间接税。当他的新顾问斯特拉福德伯爵(Le comte de Strafford)在行使绝对权力时,劳德主教于 1633 年被任命为坎特伯雷大主教。他们是这一历史时期英国政治的核心人物。另外,斯特拉福德结束了英国对法国和西班牙的战争,同时通过重新建立王室垄断制度来增加国王的税收。此外,斯特拉福德刚被任命为爱尔兰护

"火药阴谋"——一次失败的弑君行为

1605年，为恢复天主教在英国的地位，一群以盖伊·福克斯 **(Guy Fawkes)** 为首的天主教徒试图炸毁威斯敏斯特宫，杀害国王詹姆斯一世以及议会会议中的新教徒。

尽管玛丽·斯图亚特王后和她的第二任丈夫丹利勋爵（Lord Danley）让詹姆斯一世接受天主教洗礼，但是他也根据苏格兰教会的规定接受了加尔文主义教育。出于这个原因，天主教徒并不看好他。詹姆斯一世与英国长老会的关系并不融洽。早在1588年，即西班牙国王菲利普二世（Philippe Ⅱ）派遣无敌舰队攻打伊丽莎白一世统治下的英格兰的同一年，苏格兰的詹姆斯六世不得不出兵镇压国内的天主教叛乱。1605年11月5日，在詹姆斯一世加冕为英格兰国王的两年后，伦敦发生一起最为严重的弑君事件。当时，狂热的天主教徒险些同时杀死国王与议会成员。这一历史事件也被称为"火药阴谋"（La Conspiration des poudres）。士兵在威斯敏斯特宫的地下室内发现盖伊·福克斯以及36桶准备点燃的火药，国王下令处死盖伊·福克斯及其他同谋者，罗伯特·凯茨比（Robert Catesby）在试图逃跑时被枪杀。这场火药阴谋的目的是让詹姆斯9岁的女儿伊丽莎白登上王位，并使她皈依天主教，从而将英国置于罗马教廷的监护之下。

插图 《发现"火药阴谋"》，亨利·佩罗内·布里格斯（Henry Perronet Briggs）所创作的油画，现藏于泰恩河畔纽卡斯尔-莱恩艺术画廊。

国公，就招募数千名爱尔兰士兵组建一支皇室常备军。英国国王的加税政策在 1634 年至 1635 年期间达到顶峰，当时一项用于武装军舰的新税收激起民众的广泛反对。

劳德大主教的宗教政策造成的问题更加严重，他顽固地将英国国教认定为英格兰和苏格兰的专属宗教，这一行为引起强烈的反抗。他甚至大规模清洗神职人员。一些传统的英国国教教徒怀疑劳德此举是在英国

盖伊·福克斯 火药阴谋的为首者盖伊·福克斯曾是信仰天主教的西班牙王国军队内的一名士兵，他在弗兰德地区征战多年。阴谋败露后，盖伊·福克斯遭到逮捕与拷问，但他并未说出其他谋反者的名字。最终1606年1月31日，盖伊·福克斯在伦敦被处决。

插图《火药阴谋的密谋者们及其被镇压的场景》，1606年的匿名版画，现藏于伦敦英国国家肖像美术馆。

实施重建天主教的隐秘计划。而苏格兰的情况更为复杂，自16世纪末以来，苏格兰当地的总教派是长老会。1637年，劳德试图在苏格兰建立类似英格兰圣公会的教会并要求民众实行相关礼拜仪式。这一决定激起数以千计的苏格兰人的反抗，他们共同签署一份庄严的契约，即《国民公约》（Covenant），以捍卫其宗教自由。1639年，盟约者的苏格兰军队打败查理一世的军队，迫使他进行和平谈判。战败后，为了筹措资金重新武装军队，查理一世于 1640 年 4 月召开英国议会会议。然而，由于长期存在的分歧，他不得不在同年 6 月解散议会。这段短暂的插曲被称为 1640 年的"短期议会"（Short Parliament）而载入史册。这是当时英国社会和国王查理一世之间割裂的重要表现之一。

与此同时，向南推进的苏格兰军队到达约克地区。查理一世随后重新召集议会。这次会议一直持续到 1653 年，因此被称为"长期议会"（Long Parliament）。议员们立刻向国王提出条件，而查理一世也发现自己的支持者正在逐渐减少。1641 年，斯特拉福德被处决。一年后，劳德主教也被处决。随后，议会相继获得如下权力：不允许英国国教主教参与上议院，解散斯特拉福德组建的爱尔兰军队，以及废除查理一世执政初期行使镇压的司法机构——星室法庭（Star Chamber）。

查理一世试图通过挑唆爱尔兰天主教徒起义来对抗议会的压力，但其结果是数千名新教徒于 1641 年 10 月在阿尔斯特被杀。随即下议院议员约翰·皮姆（John Pym）代表议会作出回应，他极其严肃地批评国王自 1629 年以来施行的政策。1642 年，国王认定皮姆和其他 3 名议会成员犯下叛国罪。然而，民众支持被告，发起反对查理一世的起义，国王被迫于 1642 年 1 月 10 日放弃威斯敏斯特宫和伦敦，与支持者们一起向北逃亡。英国内战开始。

内战

英格兰分为两派：一派是君主的支持者，主要包括传统贵族和英国圣公会上层贵族以及某些天主教阶层（即骑士）；而另一派则是议会的支持者。后者也被称为圆颅党（Roundheads），因为他们按照清教徒的方式剪短自己的头发。圆颅党主张政治、宗教和经济上的自由。在宗教层面，圆颅党的构成十分多样，其中多数是长老会信徒，但也有一些英国圣公会信徒、清教徒以及其他教派信徒。民众起义频发更多是出于宗教因素，而并非政治和宪法因素（国王和议会之间的关系）。

内战分为两个阶段。1642 年至 1646 年期间，形势并未发生有利于任何一方的变化，而忠于国王的"骑士"（Chevaliers）所经历的军事训练无疑使他们在战场上占据优势。虽然清教徒充满热情和勇气，但事实证明他们无法有效对抗王室的军队。1643 年，迫于压力，清教徒约翰·皮姆与苏格兰签署协议，给予圆颅党军事援助，以帮助清教徒挽回战争局势。尽管如此，议会议员仍控制着人口众多的商业中心——首都伦敦。随着查理一世在北方的局势逐渐稳定，他试图重新夺回伦敦，但保皇派的努力两度失败，其军队于 1644 年 7 月 2 日在马斯顿摩尔遭受致命一击。但议会军也遭受不小的损失。

1645 年，当新教徒奥利弗·克伦威尔成为托马斯·费尔法克斯（Thomas Fairfax）指挥下的议会军中尉时，情况发生了变化。属于下层乡村贵族的克伦威尔是一名虔诚的清教徒。他重组军队，并在铁骑军的基础上整编成新模范军。克伦威尔的军队以强烈坚定的清教信仰而著称。在战斗最危险的时刻，曾发生令人难以置信的场面：如遇窘境，克伦威尔和他的军官们就会聚集在一起，进行可能持续数小时甚至数天的祈祷，直到其中一人找到解决问题的方法，为清教徒战士们打开一扇"希望之门"。保皇派军队的一名军官写道："我们的士兵犯下男人之罪：喜饮酒和纵欲。而你们却犯下魔鬼之罪：傲慢与背叛。"尽管军队内部弥漫着原教旨主义 [6] 的气氛，铁骑军仍能善待囚犯（不包括爱尔兰人和天主教牧师）。除了这种精神动力，克伦威尔的军队还拥有更好的物质基础：充沛的军饷和卓越的军队管理。

1645 年 6 月 14 日，在军事结构与组织方面的激进创新使得议会军在纳西比战役中击败查理一世的侄子鲁珀特王子（Rupert）率领的军队。面对事态的转变，查理一世逃往苏格兰避难，但他拒绝承认苏格兰《国民公约》中所要求的宗教自由。最终苏格兰议会接受英格兰议会为逮捕国王而承诺的 40 万英镑，将查理一世押送至伦敦。

然而，国王的入狱并没有结束这场冲突，因为胜利者之间存在着分歧。一方面，绝大多数长老会议员主张在苏格兰模式的基础上建立新的国家教会；另一方面，克伦威尔的支持者、独立的抗议者与清教徒都反对国家教会的存在，并要求所有教派

---

[6] 原教旨主义：指某些宗教群体试图回归其原初的信仰的运动，或指严格遵守基本原理的立场。宗教改革中诞生新教是天主教内部的一股原教旨主义的势力，他们要将教会内部不纯洁的因素清洗出去。——译者注

查理一世：被处死的国王

詹姆斯一世的统治特点主要表现为君主专制，即国王享有神圣的权利，不必考虑议会的意愿。他的继承人查理一世也奉行这种做法。

在1598年出版的一部著作中，詹姆斯一世认为"是国王制定法律，而不是法律任命国王"。查理一世实行君主专制的行为直接导致1642年内战的发生。这场内战以所谓的英国革命结束，国王因叛国罪被监禁、审判并处以死刑。查理一世于1649年1月30日被处死，是有史以来最为震惊欧洲的事件。震惊的原因并非查理一世的死亡，因为弑君（如1610年法国国王亨利四世被天主教狂热分子刺杀）或战争（如1632年瑞典国王古斯塔夫二世阿道夫在战争中丧生）是所有君主面临的永久威胁，而是国王的死亡是英国人民选择的结果。

插图 《查理一世三面像》，安东尼·范·戴克（Anton Van Dyck）所创作，现藏于英国伦敦皇家艺术收藏博物馆。

享有宗教自由。在政治上，长老会的议员们认为有可能与国王达成和平协议。与此相反，1647年被议会遣散的新军支持者，面对被他们描述为不敬神的君主，逐渐变得更加激进。最为极端的派系包括约翰·利尔本(John Lilburne)的"平等派"（Levellers）：他们主张废除君主制、进行普选以及法律面前人人平等。尽管困难重重，但克伦威尔仍然能够顶住来自平等派的压力，并维持军队内部的团结。

1647年11月，查理一世设法逃离监狱，前往怀特岛避难，在那儿他成功获得了苏格兰的支持。第二次内战由此开始，但持续的时间较短暂。事实

证明，英格兰议会在第二次内战中占据更大的优势。克伦威尔于 1648 年 8 月至 9 月间击败苏格兰军队并占领爱丁堡。同年 10 月，他成功入驻伦敦城并于次月抓住逃亡中的查理一世。为了加强自己的权威，克伦威尔将议员人数减少至 60 人左右。"残缺议会"（Rump Parliament）的第一个决定是以叛国罪起诉国王，即"查理·斯图亚特、如今的英格兰国王"，他被宣布为受审对象。

作为一名"暴君、叛徒、杀人犯和国家公敌"，查理一世于 1649 年 1 月 30 日在白厅被斩首。临终前，他平静地宣称自己是无辜的。当刽子手砍下国

清教徒军队

奥利弗·克伦威尔（Oliver Crom-well）的军队由士兵和神职人员构成，他们常在血腥的战争中聚会祈祷。

插图 长枪手的头盔，现藏于伦敦维多利亚和阿尔伯特博物馆。

奥利弗·克伦威尔：英格兰、苏格兰与爱尔兰护国公

查理一世被处决后，奥利弗·克伦威尔成为新英格兰共和党的领袖。这位乡村贵族出身的新教议员在结束斯图亚特王朝统治的英国内战中发挥决定性的作用。作为护国公，克伦威尔以铁腕手段统治着英国，直至 1658 年去世。

直到1642年，当议会和国王之间爆发第一次内战时，奥利弗·克伦威尔仍是一位无关紧要的议员。但是随后一切都发生了变化：在短短3年内，他从一名骑兵中队队长晋升为议会军的首席中尉。军事上的成功和不可动摇的信仰使克伦威尔自认为是上帝神圣的使者，这也使他的立场变得更加激进。因此，他坚决支持处死查理一世，并试图侵占王位。但是克伦威尔最终没有这样做，实际上，护国公的身份使他比历史上任何一位英国统治者都拥有更大的权力。

插图 《克伦威尔》，罗伯特·沃克（Robert Walker）约于1649年创作的肖像画，现藏于伦敦国家肖像馆。

王的头颅后，人群中响起巨大而持久的喧闹声。一些在场者甚至将手帕浸在国王的血泊中，而查理一世不久后被认为是一名殉教者。

共和政体与摄政政体

1649 年 5 月 19 日，新议会宣布英联邦、英格兰共和国成立，并废除君主制。由于上议院同样遭到废除，"残缺议会"拥有立法和制定国内外政策的所有权力。为此，克伦威尔设立由 41 名成员组成的国务委员会，其中包括他本人。反对派此时被迫保持沉默。

克伦威尔还巧妙地清除了军队内最为激进与狂热的

判处国王死刑

英国国王查理一世被指控犯有叛国罪，并于 1649 年被当众处决。

插图 同年德国无名版画，其中描绘了君主被斩首的情境，人群后的建筑为白厅的宴会厅。据说当国王的头掉落时，人群中发出喧闹声。尽管英国于 1660 年恢复君主制，但是处决查理一世意味着君主不再拥有巨大且不容置疑的权力。

成员以维持新政权的稳定。这也是利尔本的"平等派"和政治与宗教改革家杰拉德·温斯坦利（Gerrard Winstanley）的"掘土派"（Diggers）被排除在外的原因，他们要求分割大地主的土地以及绝对的社会平等。克伦威尔还亲自承担起军事征服苏格兰和爱尔兰的责任。1649 年 8 月，他率军在爱尔兰登陆并进行残暴的屠杀。在爱尔兰东部，许多地主被驱逐，土地则落入最近来自英格兰的新教定居者之手。在苏格兰，查理一世的儿子查理二世加冕为国王，而克伦威尔于 1650 年至 1651 年间进行的两次军事行动结束后，自封为英格兰与爱尔兰的主人。1651 年底，克伦威尔征服苏格兰，苏格兰作为共和国的一部分被并入英格兰。

然而，英格兰共和国在 1652 年与联省共和国爆发战争时，遭遇重大挫折。尽管两国之间的商业竞争由来已久，但是这次冲突的直接原因是"残缺议会"1651 年 10 月 9 日通过的《航海条例》（*L'acte de Navigation*）。这项贸易保护主义法规暗中损害荷兰的利益，仅允许英国船只进口殖民地货物，外国船只除非装载本国货物否则禁止通行。而联省共和国的商人正是专门从事将其他欧洲国家的货物出口到英国的业务。因此，这些限制是英格兰和联省共和国之间第一次战争的起源。战争于 1652 年至 1654 年间进行，最终荷兰人不得不接受《航海条例》的条款。正如克伦威尔所说，英国让"荷兰青蛙重新回到沼泽地"。

国内外的重要军事行动为克伦威尔夺取政权提供了便利。在军队的支持下，他决定解散"残缺议会"，并成立新的国务委员会。1654 年 12 月 16 日，克伦威尔被任命为英格兰、苏格兰和爱尔兰的护国公，集最高政治和军事权力于一身。随后克伦威尔迅速推行个人独裁政策。他以一种近似神秘的目光看待事物，自视为负责带领英国人民前往应许之地的摩西。在克伦威尔看来，任何阻碍其实现目标的事物都应该被消灭。

克伦威尔的清教信仰甚至干预了人民的日常生活，也对整个国家造成影响。剧院被迫关闭，民众的举止礼仪受到严格监督。然而，大多数人还是认为克伦威尔是终结摧毁英格兰的残酷战争并最终带来和平之人。除天主教外，克伦威尔推行完全宗教自由的政策，并支持欧洲新教的发展。他施行的经济政策也对英国的利益大有裨益。

约翰·弥尔顿（John Milton）——共和国诗人与克伦威尔的大臣

约翰·弥尔顿不仅著有长篇史诗《失乐园》（*Paradis perdu*，被誉为英国文学的巅峰之作），他还积极参与推翻查理一世的内战，随后任职于克伦威尔政府。作为外交事务秘书，约翰·弥尔顿负责应对欧洲君主制国家对克伦威尔政府的攻击言论。

《失乐园》共一万句诗句，讲述撒旦的背叛以及夏娃和亚当堕入罪恶的故事。这首诗令弥尔顿成为英国文学史上一颗耀眼的明星。当《失乐园》于1667年出版时，共和国政体在英格兰已经结束7年。弥尔顿在共和国期间表现十分积极，他首先致力于招募议会军队，继而在克伦威尔政府中以外交事务秘书的身份脱颖而出（功能等同于现代国家的宣传和传播机构）。弥尔顿的任务是以某种方式对外宣传英格兰的新政权。《为英国人民声辩》（*Defensio secunda*）便是他在共和国时期创作的作品之一，弥尔顿在其中赞扬克伦威尔与共和国的价值观。而在斯图亚特王朝复辟时，弥尔顿的作品被公开焚烧，他本人则被逮捕并遭到监禁，在新议会的部分成员介入后才被释放。

插图 威廉·弗伦奇（William French）创作的刻画弥尔顿形象的版画。

当克伦威尔于1658年9月3日去世时，他指定的继任者——儿子理查德就任护国公。由于缺乏父亲那样的魅力与性格，理查德很快就感到不堪重负，并于1659年5月卸任护国公一职。英国进入长达数月的无政府状态，这也引发民众对再燃战火的担忧。

1660年2月，乔治·蒙克（George Monck）将军向伦敦进军并选出新议会。该议会于1660年5月1日决定将权力交还给查理二世。

斯图亚特王朝的复辟

查理二世于 1660 年至 1685 年间执政。在统治初期，谨慎的性格使他采取妥协政策。他试图通过调和专制主义和亲天主教的信仰与臣民对和平的渴望，来稳固王位。尽管如此，他仍采取十分残忍的惩罚措施用于清算刚刚结束的独裁统治。他下令处决参与弑君的几名议员，遣散克伦威尔的军队，并废除 1642 年以来通过的大部分法律。

1661 年，新一届议会召开。议会成员主要由保皇派和英国国教的大地主组成，因其大多数议员来自骑士党，故被称为"骑士议会"（Cavalier Parliament）。1664 年，该议会批准《三年法案》（L'Acte triennal），以确保英国不会连续 3 年以上不召开议会。

1665 年，英格兰和联省共和国之间爆发第二次战争。事实证明，这一次荷兰具有压倒性的军事优势。1667 年 6 月，荷兰海军上将米歇尔·德·鲁伊特（Michiel de Ruyter）率领船只驶入泰晤士河，这引起伦敦民众的恐慌，当时这座城市刚刚被 1665 年的瘟疫以及 1666 年的大火破坏殆尽。最终两国于 1667 年 7 月在布雷达市签署和平条约。荷兰将其位于美洲的殖民地新阿姆斯特丹（今纽约）割让给英国。另外，英国则将先前抢占的苏里南共和国归还给荷兰。然而荷兰商人却仍需承认放宽后的《航海条例》及其 1660 年与 1663 年新增的补充条款。

自 1668 年起，查理二世开始改变政策。1670 年，他与法国国王路易十四签署《多佛尔密约》（Le traité de Douvres）。1672 年，查理二世颁布《宽容宣言》（La Déclaration d'indulgence），该法令为英国天主教徒带来更为宽松的宗教环境。

但是议会拒绝通过这项法令，并要求国王将其废除。议会采取非常严厉的措施，将天主教徒排除在国家公职和议会之外。这些新的法律条款甚至让国王的弟弟——已经皈依天主教的雅克·斯图亚特（Jacques Stuart）感到震惊，因为他发现自己并不在王位继承顺序之中。

随后英国与联省共和国再次爆发战争。双方的第三次战争从 1672 年持续到

1674 年。查理二世最终决定放弃与路易十四的联盟，转而与联省签订和平条约。1678 年，英国与联省共和国结盟。就在这时，关于宗教阴谋的谣言开始流传起来，并扰乱公众舆论。例如，1679 年提图斯·奥茨（Titus Oates）的"揭发"，他向皇家委员会提出申诉，警告他们英国存在邪恶的天主教阴谋。奥茨指认的共谋者中包括雅克·斯图亚特的前秘书，此人与耶稣会士大量损害英国利益的信件遭到查获。随后英国各地谣言四起，人心惶惶。沙夫茨伯里伯爵安东尼·阿什利·库珀（Anthony

伦敦大火

1666 年 9 月 2 日、3 日和 4 日摧毁伦敦的大火是英国首都历史上最严重的灾难。

插图 《伦敦大火》是荷兰画家彼得斯·维舒耶（Lieve Pietersz Verschuier）创作的油画作品，现藏于布达佩斯美术博物馆。

克里斯托弗·雷恩（Christopher Wren）的建筑作品（第 61 页）

伦敦圣保罗大教堂的鸟瞰图，雷恩最具标志性的作品，其设计灵感来自罗马的圣彼得大教堂。

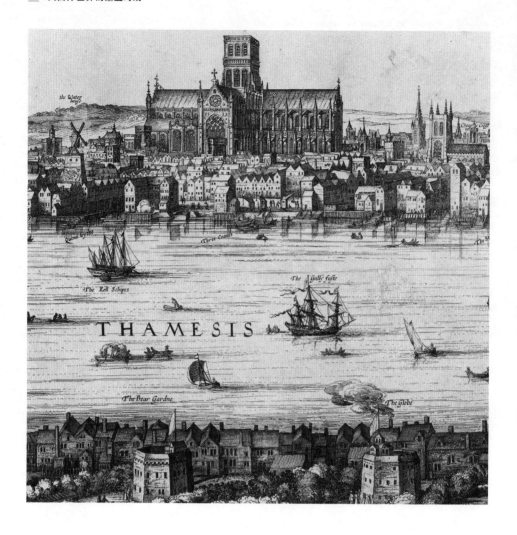

THAMESIS

新伦敦城

1666 年火灾之后，建筑师克里斯托弗·雷恩（Christopher Wren）负责重建被毁的大型建筑。

插图 上图：克莱斯·维舍尔（Claes Visscher）的木版画作品中的新伦敦城。

下图：爱德华·皮尔斯（Edward Pierce）创作的克里斯托弗·雷恩的半身像，现藏于牛津大学阿什莫林博物馆。

Ashley Cooper）等知名议员利用民众的恐慌，趁势颁布禁止天主教徒出现在公共场所的法律——例如，议会禁止天主教徒进入上议院和下议院。

查理二世越发难以接受议会奉行的反天主教主义。议会也因为国王没有合法的子女，而对王位继承问题感到不安。议员也分为冲突的两派。一方是由长老会成员与不信奉国教者组

成，后称为辉格党。他们主张议会拥有决定权，并希望将国王信仰天主教的弟弟詹姆斯·斯图亚特排除在继承人之外。另一方是由多数英国国教徒组成的托利党，他们捍卫王室特权，拒绝侵犯天主教王位继承人的权利。由于议会中的多数派是辉格党，剥夺詹姆斯·斯图亚特王位继承权的投票占据优势。同时，议会通过《人身保护法》（*L'acte d'habeas corpus*）保障个人自由不受国王颁布的任何法律的影响。但查理二世对这两项决定予以拒绝，最终于 1681 年解散议会。辉格党在 1682 年和 1683 年煽动的天主教阴谋使国家内部局势更加恶化。查理二世利用民众希望避免新内战的愿望，在无议会的情况下以专制者的身份执政，直至 1685 年 2 月 6 日逝世。

随后查理二世之弟——信奉天主教的詹姆斯·斯图亚特登上王位，是为詹姆斯二世。但是他不得不面临查理二世的私生子，即新教徒蒙茅斯公爵（Le duc de Monmouth）挑起的起义。无论如何，詹姆斯二世已经 52 岁，这意味着他的统治时间必然短暂，之后将仍由新教继承人继位——詹姆斯二世的继承人玛丽公主，玛丽公主信奉新教，并嫁给同为新教徒的荷兰王子威廉三世。

因此，詹姆斯二世的执政本可以享受一定程度上的平静，但他的决定很快就引起争议。他在伦敦城门口聚集一支 3 万人的军队，并于 1687 年颁布《信教自由宣言》（*La Déclaration d'indulgence*），结束对天主教徒和持不同观点的新教徒的歧视。多数英国国教徒认为詹姆斯二世的这一决定明显表现出他亲天主教的倾向。此外，1688 年 6 月，詹姆斯二世晚年得子，这名男婴接受天主教洗礼，这意味着玛丽公主在继承顺序上不再占据优势。

面对这一切，议会两党（托利党和辉格党）决定联合起来，请求威廉三世出面干预，以维护他们认为受到威胁的新教。威廉三世同意英国议会的请求，因为他在对抗法国的战争中需要英国的支持。他于 1688 年 11 月 5 日率军登陆英国。军队共计 1.1 万名士兵、4500 名骑兵和 700 辆战车，由 60 艘船只运载抵达英国。其中包括 1677 年支援荷兰对抗法国的 6 个英国军团（共 4000 人）。英王任命的部分将领投敌，多数军队纷纷倒戈。詹姆斯二世被迫逃亡法国，他受到路易十四的欢迎。而威廉三世则成立英国临时政府，并入主伦敦。

然而，这些事件不仅意味着王朝的更迭。它们造成的影响如此重大，以至于被誉为"光荣革命"或"第二次英国革命"。詹姆斯二世遭遇废黜显示出国王与国家之间签署政治契约的必要性。詹姆斯二世之所以失去王位，是因为他没有遵守与人民之间的契约。一项新法案即《权利法案》(Bill of Rights)的颁布标志着英国权力的演变，它明确国王对国家的义务。1689年2月22日，议会在威廉与玛丽（二人将以玛丽二世和威廉三世的名义共同执政）面前宣读这项新法案，新君主则必须向《权利法案》宣誓。《权利法案》的颁布是一项具有决定性的转变，国王自此被禁止实行任何专制主义政策。王室权力受制于议会。几周后，《宽容法案》(Act of Toleration)的颁布给予新教异见者公开礼拜的自由，但其中并不包括天主教徒。由此结束英国新教徒内部的争论，这些争论在过去曾引发众多宗教冲突。

1688年和1689年发生的事件不仅在不列颠群岛，而且在欧洲大陆产生了巨大影响。虽然17世纪欧洲各国的政治发展似乎或多或少地倾向于巩固法国路易十四模式的专制君主制，但英国却明确地走向议会君主制，这一制度在18世纪和19世纪逐渐得到发展。英国从斯图亚特王朝的专制统治过渡到汉诺威王朝的议会制度。然而，直到1697年，威廉三世仍然十分忙碌，除了与法国无休止的战争外，他还需要镇压雅各布派的频繁起义——雅各布派是被废黜的詹姆斯二世国王的支持者。失去王位的詹姆斯二世还曾试图在法国舰队的支持下夺取爱尔兰王国。而1690年英国的胜利也导致威廉三世对爱尔兰天主教徒实施严厉镇压。1692年，威廉三世返回联省共和国，继续对抗法国的战争。英国议会则利用他不在国内的机会进一步削弱王室特权，于1694年颁布新的《三年法案》(Acte triennal)，将每个立法机构的任期限定为3年，以避免君主根据自己的利益随意解散议会；议会还通过相关的财政措施，例如，制定年度预算和规定由议会控制政府开支等。政策决定权逐渐由受国王信任的枢密院转向君主和几位大臣组成的内阁。

1694年，玛丽二世女王逝世，并没有留下后代。威廉三世自此独自统治英国。他仍然面对雅各布派的持续谋害，因而不得不考虑王位继承的问题。与此同时，与

英荷战争

1652年—1654年

第一次战争 由两国争夺海洋与贸易控制权而引发的战争，最终以荷兰的失败告终。

1654年

《威斯敏斯特条约》（*Le traité de Westminster*） 该条约的签署意味着荷兰接受英国的《航海条例》。

1665年—1667年

第二次战争 在这场新的战争中，两国主要争夺海上贸易利益，最终荷兰获胜。

1667年

《布雷达和约》（*La paix de Breda*） 荷兰向英国割让其美洲殖民地以换取苏里南及其糖厂。

1672年—1674年

第三次战争 第三场战争是路易十四与英国结盟后对荷兰发动战争的一部分。

1780年—1784年

美国独立 英国与荷兰在美国独立战争中再次发生冲突。

法国新一轮的战争造成英国国内严重的经济危机。最终英国于 1701 年颁布《王位继承法》（*Loi d'Instauration*），禁止天主教徒拥有继承王位的资格，并确认新君主有义务遵守《权利法案》。威廉去世后，玛丽的妹妹安妮登上王位。她深受英国传统与国教的影响，统治英国直至 1714 年。

联省共和国

荷兰联省共和国是欧洲唯一不受国王或亲王统治的重要领土。1648 年签署的《威斯特伐利亚和约》规定联省共和国获得正式的独立。但自 16 世

纪中叶反抗菲利普二世以来，联省一直保持着独立的地位。

联省共和国的政策主要通过商业资产阶级精英（因海外贸易而在主要港口城市兴起）而得到广泛宣传。荷兰东印度公司的成立就是政治与经济联盟的典型例子。创建于 1602 年，荷兰东印度公司在其涉足的亚洲领土上获得极大的政治优势，它甚至有权宣战或求和，建立新殖民地或铸造货币。联省共和国的富商精英的首要目标是经济繁荣。

1648 年，联省共和国因内部冲突和对西班牙的独立战争而变得四分五裂。但 17 世纪的联省共

光荣革命

描绘威廉三世在赫勒富茨劳斯（Hellevoetsluis）登船时的场景，现藏于英国伦敦皇家艺术收藏博物馆。

插图（下图） 纪念威廉三世和玛丽二世婚礼的纪念章，蒂莫西·米利特（Timothy Millett）私人收藏。

伦勃朗——荷兰巴洛克艺术天才

伦勃朗·哈尔曼松·凡·莱因（Rambandit Harmenszoon Van Rijn）是荷兰绘画黄金时期的伟大代表之一。17世纪，伴随着联省共和国经济与商业的蓬勃发展，其绘画艺术也迎来发展的黄金时期。虽然伦勃朗于1606年出生于莱顿市，但他的一生大部分都在阿姆斯特丹度过。他在那里经历成功、失败与贫困。

　　插图　《夜巡》，伦勃朗于1642年创作的人物群像画，现藏于阿姆斯特丹国立博物馆。

自画像

　　一抵达阿姆斯特丹，伦勃朗就致力于为荷兰资产阶级精英创作肖像画，但最能体现伦勃朗刻画模特心理的才华的却是他的自画像；他勤奋不辍地创作这一类型的作品，以至我们能在这些自画像中清晰地看到他的人生轨迹——从渴望征服世界的天才青年到失去一切的老翁。上图为伦勃朗三十四岁时的自画像，现藏于英国国家美术馆。

❶ 一幅集体肖像画　这幅画自18世纪以来就被称为《夜巡》，而实际上它的标题是《弗朗斯·班宁·柯克（Frans Banning Cocq）上尉与威廉·凡·莱汀普克（Willem van Ruytenburgh）中尉及其队员》。这是一幅由19名民兵组成的射手连队的集体肖像画。

❷ 弗朗斯·班宁·柯克　无论从层次上还是从构图上看，射手连队队长班宁·柯克都是这幅画的主角，他占据画作的中轴线。当时的画作注释显示，他正在向连队下达前进命令。

雕刻师伦勃朗

除油画之外，这位艺术家还擅长素描，尤其是木版画。他对明暗对比的戏剧性和表现力的使用，让他能够像创作油画一般掌握木版画技术。

日常 伦勃朗的画作能够捕捉周围人的日常姿态，例如，这幅《阅读的女人》，现藏于巴黎小皇宫博物馆。

自由 伦勃朗还在他的素描画创作中发掘一些在油画中很少涉及的主题，例如《裸女》这幅画，现藏于巴黎小皇宫博物馆。

③ 威廉·凡·莱汀普克 这幅画中第二重要的人物便是威廉中尉，伦勃朗运用在光线下格外鲜艳的黄色制服将他从前景中凸显出来。虽然两位军官的姿势趋于静态，但他们身边的民兵却展现出动态的形象。

④ 一位年轻女孩儿 伦勃朗在这幅画中还描绘了一位全身被照亮的年轻女孩儿。她腰带上挂着一只白色的公鸡，而这支连队的标志正是白色公鸡。年轻女孩儿的形象可能与胜利女神的寓言有关，抑或是画家对妻子沙斯姬亚（Saskia）的赞美。

和国仍设法稳固其在欧洲的重要地位。

联省共和国的繁荣主要得益于发达的海外贸易，这使其国家实力位居当时世界首位，直至 1672 年才被更具经济活力的英国赶超。这也是人们将这一时期称为 17 世纪荷兰经济"奇迹"的原因。联省共和国位于波罗的海、北海和大西洋之间，优越的地理位置为经济"奇迹"的实现提供极大的优势。值得一提的是，联省共和国在组织与机构方面做出卓越的创新，如建造大型船舶、创建协会与股份公司。

联省共和国逐渐形成全民金融贸易的社会氛围，

这促使许多与股市无关的经济部门纷纷效仿股市的投机机制。其中一个著名的例子便是"郁金香狂热"（Tulipomanie），这是一次基于郁金香球茎贸易的投机性行为，其影响范围极广。1636 年至 1637 年间，"郁金香狂热"起源于酒馆与啤酒店内并迅速发展，最终演变成一场完全人为的投机泡沫。随之而来的经济危机影响了联省共和国的所有社会阶层，从上层资产阶级到底层手工业者无人逃脱，人们在迅速致富后遭遇到令人震惊的破产。因此，"郁金香狂热"被普遍认为是最早的投机现象。

《乌得勒支裁军》

鲍威尔·范·希勒盖特（Pauwels Van Hillegaert）于 1662 年创作的画作，描绘拿骚的莫里斯王子（Maurice de Nassau）于乌得勒支解散巴尔干骑兵（即雇佣兵）时的场景。这幅画体现出联省共和国内部错综复杂的政治环境与宗教冲突。现藏于代尔夫特威廉亲王纪念馆。

政治和宗教

1609 年前后，联省共和国由 7 个省组成：格罗宁根、弗里斯兰、上艾瑟尔、海尔德兰、乌得勒支、荷兰和泽兰。1648 年，西班牙被迫承认联省共和国独立，并将马斯特里赫特、弗兰德北部以及布拉班特等地区割让给联省共和国。这些地区由联省总督府管理，因此也被称为"总督府之国"（Pays de la Généralité）。

联省共和国的行政体系极其复杂，各联邦、区域和地方政府相互交织。每个级别的政府都享有高度政治和行政自主权。在区域一级，市镇代表、贵族代表以及在某些情况下的农场主代表构成所谓的省（Les États provinciaux），他们主要负责通过法案。各省议会任命一名被称为"议长"（Pensionnaire）的行政长官并支付其薪资，"议长"主要负责管理议会的运作与指挥地区官僚机构。在这种制度中，地位最高的长官是由各省任命的执政，负责执行法律并领导所在省的武装力量。由于联省共和国自 16 世纪中叶以来一直进行长期的独立战争，因此执政具有非常重要的地位。联邦机构由位于荷兰省海牙的联省共和国最高机构三级会议组成。各省有数量不等的代表，但每个省仅有一人能行使投票权。由于联省共和国执政府位于荷兰省，而且它是人口最多、最为富有的省份，所以荷兰省"议长"行使共和国最为重要的职能。最终他也被指定为"大议长"（Grand pensionnaire），负责所有外交事务。

在权力逐渐集中的过程中，"沉默者"[7] 威廉一世（Guillaume Ier, le Taciturne）开始反抗西班牙的统治，陆军和海军统领的职能最终落到荷兰省和泽兰省执政身上。这一职位先后由奥兰治亲王、拿骚的莫里斯（1584 年—1625 年）、其同父异母的兄弟弗雷德里克·亨利（Frédéric-Henri，1625 年—1647 年）以及后者的儿子威廉二世（Guillaume II，1647 年—1650 年）担任。因此，执政成为联省共和国的第一权威人物。这种动态的权力集中源于对抗西班牙战争的紧迫性，同时也因为这样能够更容易、更迅速地做出决策。而曾经的政治制度是如此复杂，以致最微小的决定都需要 1200 人的同意！

---

[7] 沉默者：联省共和国首任执政威廉一世的绰号。因某次他听西班牙国王费利佩二世讲述把新教徒赶出尼德兰的计划时，大感震惊、闭口不言，而被称为"沉默者"。——译者注

拿骚的莫里斯——联省共和国执政

　　拿骚的莫里斯为奥兰治-拿骚的威廉一世（**Guillaume d'Orange-Nassau**）与他的第二任妻子萨克森的安妮（**Anne de Saxe**）之子。他重组联省共和国军队，使其成为一支能够对抗和挑战西班牙方阵的军队（西班牙方阵在当时被视为所向披靡的军队）。

　　自1584年起，拿骚的莫里斯出任联省共和国执政，在联省为获得独立而与西班牙进行的战争中发挥决定性作用。他在民兵连内实施多项改革政策。起初，他以招募的方式进行征兵。随后，莫里斯组建能够发动闪电式攻击的小型战斗部队，并增加步兵和骑兵的火力。他的努力很快就收到不错的效果。16世纪最后的10年间，西班牙失去位于布雷达、奈梅亨和代文特的军事要塞。雪上加霜的是，西班牙军队于1600年在尼乌波特战役（或称沙丘战役）中战败。而这也是联省共和国军队所赢得的第一场战役。赫拉弗市于1601年沦陷；3年后，斯勒伊斯沦陷。1609年，在城市寡头的支持下，不顾联省共和国执政的反对，两国签署《十二年休战协议》（*Le traité d'Anvers*）以结束战争，并约定长达12年的休战期。此后，拿骚的莫里斯（1618年成为奥兰治亲王）无法再现往日的辉煌成就。

　　插图　《拿骚的莫里斯》，米歇尔·杨兹·凡·米雷弗特（Michiel Jansz Van Mierevelt）创作的肖像画，现藏于荷兰国立博物馆。

奥兰治家族与联省共和国

奥兰治家族亲王们的血统在联省共和国内部激起某些反对的声音。联省共和国的支持者们主张在关系松散的共和国内部建立更自主的省级机构。在"大议长"的带领下，他们捍卫荷兰贸易商与制造商的利益并将联省与西班牙签署和约视作进一步推动商业发展的机会。另外，支持奥兰治家族者主张建立强大的中央政权，并坚定地支持拥有军事权力的执政。他们的社会基础来自贵族、最底层的市民以及国内最贫困省份的农民，这些人与联省共和国的无限海洋扩张基本上没有什么关系。除此之外，双方也因宗教原因而彼此对立。联省共和国国内几乎所有的居民都是加尔文主义信徒（除总督府之国，这些国家的大部分居民为天主教徒），但是他们的内部分裂为两派：一派改信莱顿大学教授雅各布斯·阿米尼乌斯（Jacobus Arminius）提出的"条件选择说"；而另一派则支持正统的加尔文派教义，即忠诚地信仰戈尔马（Franciscus Gomarus）所倡导的纯粹"得救预定论"。而大多数支持奥兰治家族者都支持戈尔马主义，指责阿米尼乌斯学说是对加尔文派教义的偏离，甚至认为这种学说实际上是在掩盖其与西班牙的勾结。

1619 年，联省共和国内悲剧性地充斥着错综复杂的政治与宗教问题。这一年，拿骚的莫里斯执政指控大议长约翰·范·奥尔登巴内费尔特（Johan Van Olden-barnevelt）是阿米尼乌斯派教徒，并判处后者死刑。奥尔登巴内费尔特的支持者之一——伟大的法学家胡果·格老秀斯（Hugo de Groot）被判处终身监禁，但他设法逃脱并流亡国外。这次政变让拿骚的莫里斯执政获得更大的权力。1621 年，他借此重启对抗西班牙的战争。1625 年，拿骚的莫里斯在弥留之际仍密谋在联省共和国建立世袭君主制，以造福奥兰治王朝。

拿骚的弗雷德里克·亨利（Frédéric-Henri de Nassau）接替莫里斯成为联省共和国执政。1647 年亨利去世后，威廉二世（Guillaume Ⅱ）担任执政的职位。他野心十足，试图将联省共和国转变为世袭君主制国家。1648 年，因为考虑到联省共和国与西班牙签署的和平协议以及各省决定遣散他的大部分军队，威廉二世准

备发动政变以挽救受到威胁的利益。1650 年 4 月，他试图攻占阿姆斯特丹但惨遭失败，几周后便逝世，年仅 24 岁。8 天后，威廉二世的遗腹子出生，这名婴儿也取名为威廉。

随着威廉二世的政变失败和逝世，共和派的胜利成为可能。他们在联省共和国内施行所谓"真正自由"的制度。这一庄严的名称实际上是指反保皇主义、反教权的联邦政府。1672 年，联省共和国执政一职不复存在，各省的自治权得到加强，这进一步保障荷兰省在联省共和国内部的霸权地位。正是这种制度使得自 1653 年起担任"大议长"（即荷兰省"议长"）的约翰·德·维特（Jean de Witt）

联省的繁荣

在 17 世纪最初的几十年里，联省共和国主导着欧洲的经济与贸易。

插图 由荷兰东印度公司于 1602 年创立的阿姆斯特丹证券交易所（世界上最古老的证券交易所），其中还能进行殖民地商品交易。插图的创作灵感来源于约伯·阿德里安斯·贝克海德（Job Adriaensz Berckheyde，1630 年—1693 年）的一幅油画。

能够拥有强大的权力来统治联省共和国，其权力甚至比 17 世纪克伦威尔担任英国护国公时更大。

尽管面临着法国与英国的竞争，1650 年至 1672 年依然是联省共和国经济发展最为蓬勃的时期。尤其在大议长约翰·德·维特的统治下，在 1653 年至 1672 年间，共和国经济水平不断飞升。他努力推进城镇自由，并不惜一切代价阻止年轻的威廉三世（Guillaume Ⅲ）进入政界，以维护国家政治的稳定。他还大力捍卫共和国的经济利益，反对任何外国威胁。尽管如此，作为路易十四扩张计划的一部分，法国军队于 1672 年 4 月入侵联省共和国。面对这场危机，约翰·德·维特允许各省请求威廉三世出面干预。1672 年 6 月，威廉三世被任命为执政。但是抗击法国的联省共和国军队却接连战败。支持奥兰治家族的民众因而变得更为激进。1672 年 8 月 20 日，被认为应该为这场灾难负责的约翰·德·维特兄弟在海牙惨遭暴民杀害。

支持奥兰治家族者重新获得对联省共和国的控制。1675 年，共和国执政被宣布为奥兰治家族世袭职位。面对外国以及罗马教廷的攻击，奥兰治家族成员之一——威廉三世再次作为国家的拯救者和解放者登上政治舞台。自从威廉一世（威廉三世的祖父）在战争中取得胜利后，正如所有的奥兰治王公一样，威廉三世也是战争的狂热支持者。他拖延战争进程，直至 1678 年至 1679 年间才与法国进行谈判，并最终在奈梅亨签署一系列条约，结束了法荷战争。但实际上，与法国签署和平条约并非威廉三世的意愿，他宁愿战争继续进行。1677 年，威廉三世与英国国王詹姆斯二世的长女（也是其继承人）玛丽公主结婚，这使得他的野心更加膨胀，因为有朝一日，他将会成为英国国王威廉三世。

1689 年后的联省共和国

1689 年，奥兰治的威廉三世成为英国国王。但是联省共和国很快意识到两个王国之间的利益存在分歧。威廉三世对同时管理英国与自己领导的反路易十四联盟感到吃力，因此他逐渐将管理联省共和国的权力移交给大议长安东尼·海因斯

（Anthonie Heinsius）。1702 年威廉三世逝世后（未留下后代），联省共和国拒绝任命他的侄子为新一任执政者。因此共和国迎来无执政时期，这种情况一直持续到 1747 年。虽然如此，大议长海因斯在 1720 年去世前仍发挥极其重要的作用，他继续推行反法政策，并努力调和共和派与支持奥兰治家族派之间的矛盾。

在整个 17 世纪，弗兰德地区以南的西属尼德兰与北方的联省共和国形成对峙局面。弗兰德、阿尔图瓦、海宁、那慕尔、布拉班特、安特卫普、卢森堡、梅赫伦以及林堡等地区的总督们常年在布鲁塞尔召开会议。1609 年，西班牙与联省共和国签订的《十二年休战协议》（La trêve de Douze Ans）实现最终的分治。1621 年，自 1598 年以来一直在阿尔伯特大公与伊莎贝尔·克拉拉·欧亨妮亚（Isabelle Claire Eugenie）独立统治下的尼德兰南部地区恢复了西班牙的统治。在随后的几十年里，这些地区饱受三十年战争的摧残。

根据 1648 年签订的《威斯特伐利亚和约》，西班牙承认联省共和国的独立地位。西班牙君主不再抱有像 16 世纪那样统治完整尼德兰王国的企图。这意味着西属尼德兰将卷入 17 世纪下半叶法国与联省共和国的战争中，这场战争最终以《奈梅亨条约》的签署而迎来结局。法国的军事扩张主义使得联省共和国丧失许多领土，例如 1684 年至 1697 年期间被占据的卢森堡。

在西班牙国王查理二世去世后（西班牙哈布斯堡王朝绝嗣，王位空缺），法国对于西班牙王位的觊觎才使得法国军队暂缓对联省共和国的进攻。而选择路易十四的孙子安茹公爵费利佩（Philippe d'Anjou）作为王位继承人的决定引发西班牙王位继承战争。

法国人对查理二世死后留下的西班牙王位的要求，阻止了他们在北方的攻势。选择费利佩作为西班牙国王的决定引发西班牙继承战争。虽然有法国的支援，西属尼德兰在抵抗后仍被"海牙大同盟" [8]（La Grande Alliance de La Haye）军队侵

---

[8] 海牙大同盟：英格兰、奥地利、联省共和国及神圣罗马帝国 1701 年签署《海牙条约》后建立的反法同盟。——译者注

《奈梅亨条约》（*Les traités de Niměgue*）划定的新边界

1678 年 8 月至 1679 年 12 月期间，联省共和国与法国在奈梅亨进行艰难的和平谈判，最终达成几项条约，结束了这场由太阳王路易十四的扩张主义所挑起的战争。

1672年，路易十四的军队入侵联省共和国，并在该地区发动一场新的战争。这推动了几年前似乎不可能出现的联盟的形成：信奉新教的联省共和国与信奉天主教的西班牙结盟（此前联省共和国已从西班牙统治下独立），神圣罗马帝国也加入这一联盟。而法国则与英国、瑞典和一些德意志诸侯国结盟。法国与联省共和国签订的和平条约主要有利于法国与荷兰省。1678年8月，法国决定向联省共和国归还马斯特里赫特和奥兰治公国，而联省则将多巴哥岛割让给法国。同年9月，法国与西班牙签署的协议使其获得弗朗什·孔泰以及弗拉芒地区的飞地，例如，卡塞尔和伊普尔。西班牙则收复了被路易十四占领的沙勒罗瓦和科特雷等城市。最终在1679年2月，法国、瑞典与神圣罗马帝国签署和平条约。利奥波德一世不得不将弗赖堡城割让给路易十四，并承认法国对洛林地区拥有主权。

插图 右图:《路易十四接见外国使节》，夏尔·勒·布伦（Charles Le Brun）所创作的油画，现藏于匈牙利国立美术博物馆；左图：奥兰治的威廉三世雕像，坐落于英国德文郡布里克瑟姆镇。

占。根据 1713 年签署的《乌得勒支条约》（*Le traité d'Utrecht*）和 1714 年签署的《拉什塔特条约》（*Le traité de Rastatt*），西班牙在尼德兰的所有领地与财产均归属奥地利皇帝查理六世（Charles Ⅵ d'Autriche），它们将继续掌握在哈布斯堡家族手中；与此同时，波旁家族在西班牙的统治也拉开序幕。经

过两个世纪的密切联系，由弗兰德查尔斯亲王（Charles de Flandres）于 1516 年登上西班牙王位而形成的政治纽带终被切断，西班牙哈布斯堡王朝的统治彻底结束。

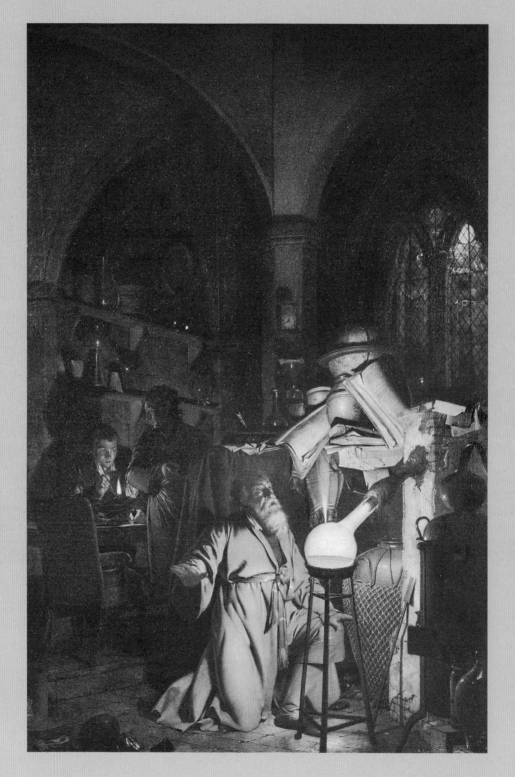

档案：科技革命

将科学的方法引入研究，不仅产生一系列发现，还永远改变了人类的意识和对宇宙的看法。

西方世界的许多价值观都由科学方法和技术进步塑造而来。在哥白尼（Nicolaus Copernicus）的《天文研究》（1543年）和牛顿（Isaac Newton）的《数学原理》出版之间，科学研究取得巨大的进步。科学方法被确立为认识物质世界的手段之一。

这种科学方法在17世纪是知识领域革命的真正基石，其前提是发展出将以下三道步骤结合起来的调查方法。第一，逻辑部分基于解析方法（从归纳法开始，观察效果以通过事后推理寻找原因），然后是构成方法（遵循演绎原则，通过先验推理从原因中推导出效果）。第二，科学的方法包含实验部分：各学科的进步都建立在积极实验与观察基础之上。正是通过证明、实验与实践，人们才得以确定新的结论，而并非单纯依靠观察。第三，数学在原则上被应用于所有学科。这也正是伽利略所说的："世界是用数学语言写成的。"

古典数学（尤其是柏拉图式数学）自文艺复兴以来便高度发达，它作为一种语言，能从精确的几何图形中描述事物的本质。这使得人们能够克服感官知觉造成的明显混淆。这种科学方法使17世纪成为与以往历史决裂的时期，并标志着现代科学的出现。其规则基于精确的哲学体系（理性主义和经验主义）以及研讨与传播手段（各种学会的创建）。

由于大量发现者和发明者的出现，科学方法在17世纪得到迅猛发展。有利的

炼金术 炼金术是化学诞生的基础。《炼金术士》（第78页），约瑟夫·赖特（Joseph Wright）于1770年创作的油画，现藏于德比博物馆及艺术展览馆。

一个世纪以来的伟大发现

1609年起

伽利略 改进望远镜并在天文学方面有各种新发现。他被认为是现代天文学之父。

1609年

约翰尼斯·开普勒（Johannes Kepler） 公开行星运动三大定律。

1616年—1628年

威廉·哈维（William Harvey） 发现血液循环规律，证实笛卡儿提出的想法。

1637年

勒内·笛卡儿（René Descartes） 为科学方法的建立做出贡献，创造演绎推理的方法。

1653年起

安东尼·范·列文虎克（Antonie Van Leeuwenhoek） 发明强大的单镜头显微镜；公认的微生物学先驱。

1660年—1687年

艾萨克·牛顿（Isaac Newton） 与莱布尼茨（Leibniz）共同发现无穷小微积分，并提出万有引力定律。

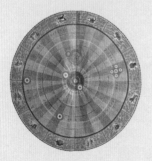

哥白尼（Copernic） 安德烈亚斯·塞拉里乌斯（Andreas Cellarius）编著的《和谐大宇宙》（*Harmonia Macrocosmica*）内的插图，它展现出哥白尼所认为的太阳系。

社会、经济与宗教条件营造出一种鼓励研究的氛围。伟大的探索航行促进制图学与天文学的改进和发展。大西洋贸易所面临的技术挑战显示出英国数学家 [代数大师罗伯特·罗科德（Robert Recorde）和约翰·迪依（John Dee）为贸易公司提供咨询意见] 或荷兰光学专家（负责推进望远镜和显微镜方面的技术进展）的重要性。商人投资创办以实践和科学知识为导向的学院。

许多其他因素也促使科学进入公共领域。自文艺复兴以来，艺术家们在作品中加入科学元素，以及更多的解剖学描述与复杂的图画。因此，科学呈现系统的结合理论和实践的维度。

科学和哲学

在整个 17 世纪，社会对于知识的渴求使得科学和哲学能够凌驾于神学之上，成为民众知识的基础。培根（Bacon）、伽利略（Galilée），尤其是笛卡儿（Descartes）开创了一种新的思想秩序。

弗朗西斯·培根（Francis Bacon，1561 年—1626 年）在《新工具》（*Novum Organum*，1620 年出版）中反对亚里士

多德的思想，这部著作试图为基于科学归纳的实验方法奠定基础。他假设对个体化事实进行系统和重复观察，将使一般概念的发展具有确定性并获得对自然的真正认识。然而，培根在数学方面的局限性使他无法在现代物理学纲要方面取得决定性的进展。伽利略（1564 年—1642 年）认为研究方法是从一个由实验证实的工作假设开始的，该假设以数学方式表述并被证明普遍有效。但他并没有明确和系统地提出这一观点。

勒内·笛卡儿（1596 年—1650 年）则成功地将科学逻辑和形而上学结合起来，并对宇宙有新的认识。在《方法论》（*Discours de la méthode*，1637 年）以及后来的《哲学原理》（*Principes de philosophie*，1644 年）中，他为一场真正的思想革命奠定基础：他证实了理性优先于逻辑思维（La pensée prélogique）、神奇的自然主义以及文艺复兴时期的定性物理学。笛卡儿将理性定义为赋予所有人"正确判断和区分真假"的可能性。他认为谬误来自对理性的误用。因此，必须使用一种方法来保证其客观性、必要性与确定性。预先置疑法（"除非知道它是真实的，否则绝不相信任何东西是真实的。"）和科学真理构成笛卡儿方法的基础。而这一真理是建立在证据之上的：它本身的存在（"我思故我在"）、对外部世界的感知以及对世界数学结构的清晰和一致的理解。

当时的社会背景与这些个人思考也改变了科学教育的模式。培根认为，基于实验的机械艺术与理论科学分离是有害的。笛卡儿和埃万杰利斯塔·托里拆利（Evangelista Torricelli，1608 年—1647 年）呼吁大学应更加重视科学研究教育。17 世纪中叶，大学内部发生重大变化，不仅设立新教习，提供数学、化学和物理设备，还建造实验室、解剖室与植物园。但是各国的情况并不相同：在意大利与荷兰，都是大学提供最为先进的教育，而在英国则是私立学院。

新的知识中心

然而，新科学不能完全适应这些传统的空间，因此必须发展新的机构——如科学协会。这些协会是由对特定科学主题感兴趣的人组成的团体，由公司或个人赞

日心说：开普勒行星运动三大定律

约翰尼斯·开普勒（1571年—1630年）自1594年起在格拉茨神学院担任数学教授。他在那里了解到哥白尼的理论。1596年，开普勒于格拉茨出版第一部天文学著作《宇宙的奥秘》（*Mystère de la cosmographie*）。在这本书中，他提出宇宙按照数学和谐运转的观点，这一理论显然受到柏拉图的影响，也不局限于哥白尼的简单计算。开普勒一生都在试图证明这一假说。

1598年，开普勒因其新教信仰而被驱逐出格拉茨。他受邀与第谷·布拉赫（Tycho Brahe）一起在布拉格工作，最终提出行星运动三大定律。他将自己的理论建立在对各种行星的系统观察上，但主要基于布拉赫对火星的研究。然而后者的分析受制于当时的望远镜技术。总之，开普勒行星运动三大定律表明：所有行星都围绕太阳在不同的椭圆轨道上运行；在同样的时间里行星向径在轨道平面上所扫过的面积相等；行星公转周期的平方与它同太阳距离的立方成正比。

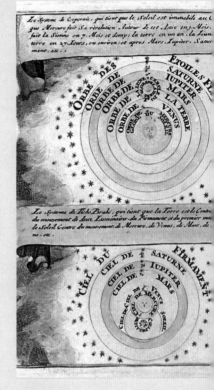

插图 左图：呈现哥白尼日心说系统的青铜环形球仪（1750年—1764年），由博尼法齐奥·博萨里（Bonifazio Borsari）制作，现藏于摩德纳市立美术馆；右图：比较哥白尼、布拉赫和笛卡儿的行星系统的17世纪法国版画（私人收藏）。

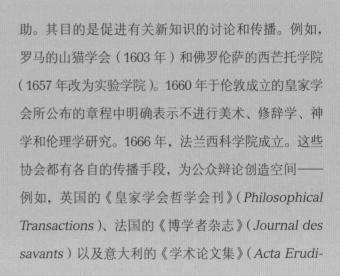

助。其目的是促进有关新知识的讨论和传播。例如，罗马的山猫学会（1603年）和佛罗伦萨的西芒托学院（1657年改为实验学院）。1660年于伦敦成立的皇家学会所公布的章程中明确表示不进行美术、修辞学、神学和伦理学研究。1666年，法兰西科学院成立。这些协会都有各自的传播手段，为公众辩论创造空间——例如，英国的《皇家学会哲学会刊》（*Philosophical Transactions*）、法国的《博学者杂志》（*Journal des savants*）以及意大利的《学术论文集》（*Acta Erudi-*

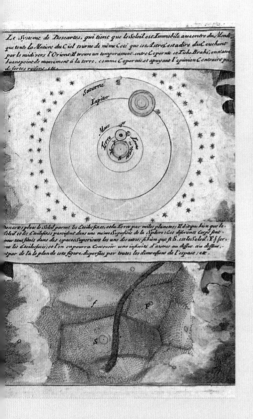

开普勒在他的著作《新天文学》（*Nouvelle Astro-nomie*，1609年）中发表有关行星运动的三大定律。后来牛顿证明行星运动三大定律是从万有引力定律推导而来的。

插图 开普勒肖像画，绘于17世纪的匿名油画，现藏于斯特拉斯堡圣母院博物馆。

torum）。

　　许多学者在这场科学革命的具体应用和作为知识手段的数学语言的传播方面表现出色。约翰·奈皮尔（John Napier，1550年—1617年）揭开对数的神秘面纱，而瑞士学者约斯特·比尔吉（Jost Burgi，1552年—1632年）则介绍反对数的概念。解析几何的发展要归功于笛卡儿和皮埃尔·德·费马（Pierre de Fermat，1601年—1665年）。费马还提出有关亲和数、自然数和素数的理论。布莱士·帕斯卡（Blaise

Pascal，1623 年—1662 年）与热拉尔·德萨格（Gérard Desargues，1591 年—1661 年）共同对射影几何学进行细致的研究。

费马和帕斯卡也致力于概率论计算研究，后来克里斯蒂安·惠更斯（Christian Huygens，1629 年—1695 年）对其进行纠正。最后戈特弗里德·莱布尼茨（Gott-fried Leibniz，1646 年—1716 年）与牛顿对当时的数学知识进行整合，并发明微积分。

这些数学方面的进步在物理领域的应用带来许多新的发现。伽利略着手研究钟摆的等时性，随后马林·梅森（Marin Mersenne，1588 年—1648 年）也进行相关研究，并发现以他的名字命名的素数（梅森数）。惠更斯则对此进行更为深入的研究，随后发明具有高度可靠性的摆钟，这为钟表制造业带来革命。托里切利是伽利略的学生，他不仅是流体力学的奠基人，还发现气压计的原理，并借此证明大气压力的存在。吉勒·德·洛百瓦尔（Gilles de Roberval，1602 年—1675 年）则致力于研究如何描述运动。

罗伯特·博伊尔（Robert Boyle，1627 年—1691 年）则研究真空，他与修道院院长埃德蒙·马略特（Edme Mariotte，1620 年—1684 年）共同提出气体压力的基本定律。

奥勒·罗默（Ole Römer，1644 年—1710 年）、惠更斯和牛顿的著作赋予光学以科学的性质。罗默测量出光速，而惠更斯则提出光通过球面波在以太中传播的波浪理论。牛顿提出光性质的微粒理论，该理论直到 19 世纪才被接受。光学领域的进步从根本上促进望远镜和显微镜的改进。威理博·斯涅尔（Willebrord Snellius，1580 年—1626 年）提出折射定律；博纳文图拉·卡瓦列里（Bonaventura Cavalieri，1598 年—1647 年）阐述凹面镜的焦距定律。开普勒、笛卡儿、约翰·赫维留（Johannes Hevelius，1611 年—1687 年）、罗伯特·胡克（Robert Hooke，1635 年—1703 年）与惠更斯为无数的技术和理论进步做出贡献。对日心说宇宙的天文观测与描述终结了自中世纪以来盛行的地心说（源自亚里士多德提出的理论）。

微积分的发明：牛顿与莱布尼茨之争

17 世纪的争论之一，是牛顿与莱布尼茨谁是微积分发明者，两人就此进行大量的通信。

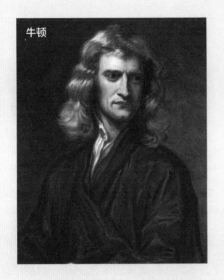

牛顿

莱布尼茨

　　牛顿和莱布尼茨都是微积分的发明者。牛顿在莱布尼茨提出微分法和积分法之前就已经研究出微积分的流数术。但莱布尼茨首先公布其研究成果，而牛顿并没有公开。并且两人的假设十分不同——牛顿从物理力学的概念出发，莱布尼茨则是基于哲学考虑。两人对此进行激烈的公开辩论，都声称自己是微积分的发明人。今天的科学史家认为，两人都独立完成微积分的创立工作，但莱布尼茨的标记法略胜一筹，而牛顿的公式则更适于解决实际问题。这场争论使欧洲的科学家产生分歧，但牛顿与莱布尼茨之间的矛盾并没有严重到妨碍彼此交流研究成果。

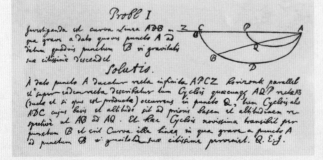

最速曲线 牛顿的手稿中写着他对最速曲线问题的解决方案。

伽利略、莱布尼茨和牛顿

在这次科学知识的全面更新中，伽利略表现突出。1604 年，他发现匀加速直线运动的规律，并用公式表述空间与时间的平方成正比的定律。除此之外，伽利略还研究钟摆定律、斜面定律以及重物下落定律，并用这些定律驳斥亚里士多德的运动理论。利用望远镜对天空进行观测，使伽利略能够推翻许多既定观念的基础。在试图建立新知识体系的过程中，伽利略与亚里士多德的许多基本假设相互矛盾：包括宇宙的极限、宇宙的完美性和不变性，以及地心说。用望远镜进行的观测使伽利略发现新的恒星。而对银河系的研究，使他能够确定地球与太阳之间的距离极其巨大。牛顿没有肯定宇宙的无限性，但他完全否定亚里士多德关于固定恒星的概念。

实际上，人类知识的进步往往在同一时期发生。位于帕多瓦的伽利略（1610年—1612 年）、维滕贝格的约翰·法布里奇斯（Johan Fabricius）（1611 年）以及英戈尔施塔特的克里斯托夫·席耐尔（Christoph Scheiner）（1611 年）几乎同时发现太阳黑子，证明太阳是有一定的寿命的，并非不朽的。传统的机械论让位于牛顿和莱布尼茨提出的动力论。他们认为动力是每个物质实体内固有的力量。莱布尼茨认为动力是与"灵魂"类似的物质，即使无生命的物质仍具有动力。牛顿则认为动力是由于重力、磁力和电力而在物体之间产生的一种吸引力。牛顿发现并从数学上证明以其名字命名的万有引力定律。除此之外，他还计算出太阳和地球的质量，解释二分点的正确性，推断地球的扁平度，对月球运动的不规则性进行阐释，提出可信的潮汐理论并描述了彗星的运动。简而言之，牛顿将天体物理学和地球物理学统一起来，其研究在 1687 年发表的著作《自然哲学的数学原理》（Principia）中向前迈出一大步。

对微观世界的探索得益于显微镜的改进。动植物描述性解剖学、胚胎学和属种分类学都经历了显著的发展。最为著名的显微镜使用者包括法国生物学家吉恩·佩

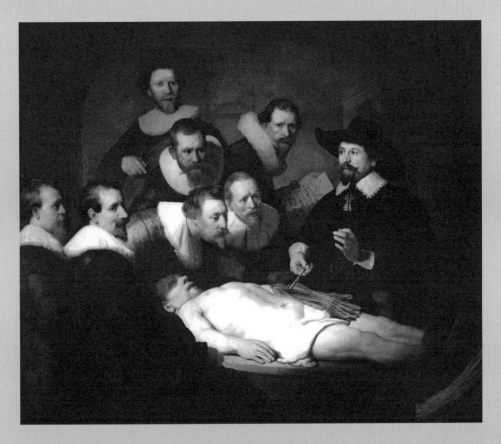

解剖学 17世纪最初的几十年内，解剖学得到极大发展。《尼古拉斯·杜尔（Nicolaes Tulp）博士的解剖学课》，伦勃朗于1631年创作的油画，现藏于莫瑞泰斯皇家美术馆。

奎特（Jean Pecquet，1622 年—1674 年）、意大利生物学家马尔切罗·马尔皮基（Marcello Malpighi，1628 年—1694 年）和荷兰生物学家简·施旺麦丹（Jan Swammerdam，1637 年—1680 年）。在植物生理学领域，马尔皮基阐明叶子在营养物质发育中的作用；埃德姆·马里奥特（Edme Mariotte）则提出树液循环和物种营养的学说。英国医生尼希米·格鲁（Nehemiah Grew，1641 年—1712 年）和德国医生鲁道夫·卡梅拉尼斯（Rudolf Jakob Camerarius，1665 年—1721 年）利用显微镜进行花卉解剖学和生理学研究，并证明植物是有性的，这也促进植物杂交技术的发展。佛罗伦萨医生弗朗西斯科·雷迪（Francesco Redi，1626 年—1697

年）的研究成果推翻自发生成的经典理论，他指出生命只能从生命中产生。马尔皮基因其对鸡蛋的研究而被誉为"现代胚胎学之父"。

马尔皮基是第一位论证胚胎在微观上包含所有未来生命的生物学家。除此之外，他还首次对组织细胞结构、肺循环（小循环）、红细胞等进行研究，以及描述威廉·哈维（William Harvey，1578 年—1657 年）未发现的毛细血管。至于分类学，英国博物学家约翰·雷（John Ray，1627 年—1705 年）的研究成果标志着根据现代模型对有机世界进行系统分类的开始，即分为种、属和生物目。

在医学领域，斯图亚特王室以及培根的私人医生威廉·哈维最终证明血液循环的存在。临床医学的发展得益于英国医生托马斯·西登纳姆（Thomas Sydenham，1624 年—1689 年）的研究成果，他于 1676 年描述大量疾病的症状，包括痛风、水痘和痢疾。在化学领域，爱尔兰化学家波义耳（Boyle）于 1661 年驳斥亚里士多德的元素理论，并提出现代化学元素的概念。

从理论到实践

这一时期的科学家具备各种新的研究与实验手段。除前文提到的光学仪器或巴黎（1667 年建造）和格林尼治（1765 年建造）天文台之外，还有其他仪器能够作为便携式实验室，对理论假设进行反复试验，例如，1654 年制造的马德堡半球、1679 年制造的丹尼斯·帕潘（Denis Papin）压力锅 [9] 或伽利略斜面。气压计或惠更斯摆钟（将时间测量误差缩小到半秒内）等仪器的发明实现更为精确的测量。然而温度却很难找到衡量标准。从最初基于水的冰点，到沸点的最大值，温度衡量标准似乎难以达成共识，关于华氏度（从 32° F 到 212° F）、摄氏度（从 0° C 到 100° C）和霍氏度（从 0° Ré 到 80° Ré）的讨论持续不断。

---

[9] 丹尼斯·帕潘压力锅：又称"帕潘煮锅"，俗称高压锅，是法国物理学家丹尼斯·帕潘发明的一种产生高温蒸汽快速烹调食品的密封锅。——译者注

帕斯卡与莱布尼茨发明的计算器

在寻找基于十进制的便于计算的方法时，我们必须提到先驱者德国数学家威廉·希卡德（Wilhelm Schickard，1592年—1635年）。他曾使用一台木制机器来计算天文表，虽然仅限于6位数的计算。1642年，帕斯卡设计出一台计算器（未来的帕斯卡琳计算器的原型），最多可以执行7位数的加减法。这台计算器由金属制成，并带有轮子以及能够转动的数字圆盘。操作结果通过窗口显示。帕斯卡试图推销这台计算器，但仅卖出15个。另外，莱布尼茨于1672年前后设计出能够执行四种基本演算的计算器。他在很大程度上受到帕斯卡计算器的启发，但在某些机械方面对其进行改进，比如，导致帕斯卡推销失败的传动系统。计算器的样机是如此复杂，以致数学家不得不在该项目上投资高达24000塔勒（货币单位），并且极难找到能够将其成功组装起来的机械师。由于这些技术缺陷，例如，平方根提取机等其他机器项目最终仍然停留在草稿中。莱布尼茨发明计算器是为了方便天文学家的计算。

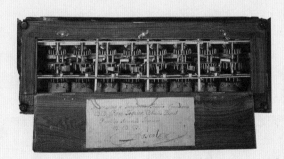

帕斯卡计算器　经过3年的研究，制造出50个样机之后，帕斯卡于1645年展示其正式推广的第一台计算器。他共制造大约20台模型，并对其逐渐进行改进，其中有9台保存至今。

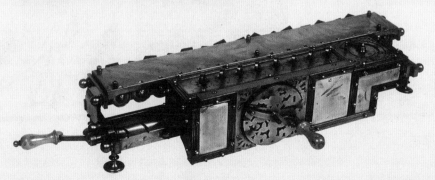

步进计算器　莱布尼茨于1670年设计的计算器，是第一台能够进行四种基本算术运算的机器。除加减法外，它还通过一系列的操作进行乘法、除法和提取平方根运算。

伟大的科学进步

　　17世纪是人类科学史上的一个关键时期。人们在各个领域都有众多新发现，这也推动科学方法、宇宙观以及作为人类进步源泉的科学概念发生决定性的变化。

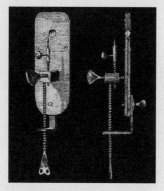

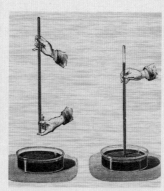

显微镜　镜片制造商安东尼·范·列文虎克（Antonie Van Leeuwenhoek，1632年—1723年）制造出世界上第一台显微镜，可以将被观察物体放大300倍。他因此发现微生物的世界。上图是一台列文虎克显微镜。

托里拆利气压计　伽利略（Galilée）的学生伊万杰利斯塔·托里拆利（Evangelista Torricelli，1608年—1647年）于1644年进行了一项实验，他将水银管浸入水银槽中，以证明空气具有重量，从而发现大气压力的存在。

萨弗里蒸汽机　托马斯·萨弗里（Thomas Savery，1650年—1715年）在气体压力作用下的活塞运动研究方面取得新进展。1698年，他申请蒸汽机专利，这台机器后来被称为"矿工之友"。

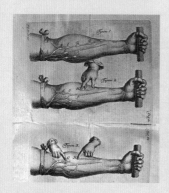

血液循环　威廉·哈维（William Harvey，1578年—1657年）是发现心脏肌肉的收缩推动血液流经动脉，继而由血管系统将其输送到身体各个部位的第一人。

牛顿望远镜　为了纠正伽利略和惠更斯使用的折射式望远镜的色差，牛顿于1672年发明反射式望远镜，其体型更小且无失真效果。

抽气机　1654年，德国物理学家和律师奥托·冯·格里克（Otto von Guericke，1602年—1686年）对大气层所能施加的巨大力量进行壮观的演示，被称为马格德堡半球实验。

正是在 17 世纪到 18 世纪的过渡阶段，知识的进步开始消除非理性和迷信，人们开始从科学的角度解释事物。但与此同时，知识的进步动摇了许多在基督教传统教义中长大的人的信仰，从而为思想的世俗化做出贡献，并促进怀疑主义和自然神论的发展，而这将在 18 世纪的启蒙运动中起到标志性的作用。

路易十四

　　《太阳王肖像画》，亚森特·里
戈（Hyacinthe Rigaud）于 1701 年创
作，现藏于巴黎卢浮宫博物馆。

　　插图（右侧） 太阳——法国
君主制的象征，位于凡尔赛宫的一
处入口，由建筑师蒙萨（Mansart）
设计。

法兰西时代的太阳王

亨利四世（Henri IV）时期，法国将恢复王室权威视为首要目标。路易十三在黎塞留的辅佐下开始在欧洲推行霸权政策。而在太阳王路易十四时期，这种政策达到顶峰。在诸多盟友的围簇下，他在凡尔赛修建宫殿。凡尔赛宫是欧洲的神经中枢，各国不仅屈服于法国的军事实力，更为其艺术魅力所倾倒。

亨利四世的加冕标志着法国波旁王朝的建立。通过放弃胡格诺派（即加尔文派在法国的称谓）信仰并皈依天主教，亨利四世试图结束使法国陷入分裂的宗教战争。他曾说："巴黎值得一场弥撒！"（指改信天主教）最重要的是，亨利四世改信天主教的行为证明不同的政治立场与宗教信仰能够相互融合。

从 1594 年到 1610 年，亨利四世的统治特点表现为急于通过宗教宽容政策恢

法国 16、17、18 世纪的国王
1328年—1589年
瓦卢瓦王朝
1498年—年1515年
路易十二（Louis XII）
1515年—1547年
弗朗索瓦一世（François Iᵉʳ）
1547年—1559年
亨利二世（Henri II）
1559年—1560年
弗朗索瓦二世（François II）
1560年—1564年
凯瑟琳·德·美第奇（Catherine de Médicis）摄政时期
1560年—1574年
查理九世（Charles IX）
1574年—1589年
亨利三世（Henri III）
1589年—1792年
波旁王朝
1589年—1610年
亨利四世（Henri IV）
1610年—1617年
玛丽·德·美第奇（Marie de Médicis）摄政时期
1610年—1643年
路易十三（Louis XIII）
1643年—1715年
路易十四（Louis XIV）
1715年—1774年
路易十五（Louis XV）
1774年—1792年
路易十六（Louis XVI）

玛丽·德·美第奇——法国王后和银行家

1600 年，在与玛格丽特·德·瓦卢瓦 (Marguerite de Valois)离婚一年后，亨利四世迎娶玛丽·德·美第奇 (Marie de Medici)，她因此成为托斯卡纳美第奇家族第二位成为法国王后的女人。

亨利四世在第一次婚姻中未育有子女，因此必须迎娶一位新王后。一方面，他可以通过婚姻获得王位继承人来确保王朝的连续性；另一方面，王后的嫁妆将解决王室的财政问题。因此亨利四世选择与其主要债权人美第奇家族的女儿玛丽结婚。美第奇家族是佛罗伦萨极具影响力的银行家与公爵家族。玛丽王后不仅为亨利四世生育4个孩子，而且还成为鲁本斯（Rubens）、吉多·雷尼（Guido Reni）以及普桑（Poussin）等艺术家的赞助人，并将意大利的艺术品位引入法国宫廷。在她担任摄政王后期间，这一点表现得更加突出。然而玛丽与儿子路易十三之间存在矛盾，后者派人暗杀玛丽的宠臣孔奇尼并使她流亡。玛丽最终于1642年去世。

插图 《玛丽·德·美第奇的加冕礼》（右侧），鲁本斯，现藏于圣彼得堡冬宫博物馆。

复王国的统一，例如，于 1598 年颁布保障信仰自由的《南特敕令》（L'édit de Nantes）。亨利四世最终赢得法国天主教神职人员的支持，尽管他的朝臣中包括天主教曾经的敌人，如新教领袖马克西米利安·德·贝蒂纳（Maximilien de Béthune），即著名的叙利公爵，以及天主教反对者维勒鲁瓦侯爵（le marquis de Villeroy）。

对外，亨利四世试图收复法国于 16 世纪下半叶失去的土地。他同时也对意大利很感兴趣，特别是在与托斯卡纳大公弗朗索瓦一世（François

Ⅰer）的女儿玛丽·德·美第奇（Marie de Mé-
dicis）结婚之后。1606 年至 1607 年的威尼斯禁令
事件体现出亨利四世的行动不仅停留在军事方面，
还涉及外交层面。当时他被任命为罗马教皇和威
尼斯共和国之间的调解人。

亨利四世在他的"宏伟计划"（Grand Des-
sein）中表现出成立多边组织的愿望，他建议通过
平衡 6 个世袭君主制国家、5 个选举君主制国家
和 4 个主要的共和国之间的外交关系来稳定欧洲
大陆局势。这些国家将派遣代表常驻"联合议院"

亨利四世

位于波城的法国国王亨利四世
雕像，亨利四世是波旁王朝的第一
位君主。

95

（Sénat fédéral），其职能是为国际冲突寻找解决方案。尽管亨利四世的计划可能被视为一种外交幻想，但体现出他在战争爆发边缘对外交谈判的重视。这也是该时期法国外交政策的特点。

亨利四世的野心

亨利四世试图在所有领域扩大其主权，但却面临着巨大的挑战。他对新教徒的宗教宽容政策造成上百座城镇修建防御工事。于是，亨利四世派遣胡格诺派军队驻扎在这些城镇内以确保《南特敕令》的施行。与此同时，巴黎以及曾经允许新教存在的地区开始限制新教徒进行礼拜活动。新教飞地则逐渐演变成自治地区，这也遏制了国王实行专制主义政策的野心。法国许多省份亦是如此，它们享有与德意志公国或英国郡类似的自治制度。其中一些省份甚至拥有强大的省级行政机构，例如，朗格多克、布列塔尼、普罗旺斯、多芬和勃艮第。诺曼底则更为特殊，该省拥有独立的财政和司法机构。

亨利四世仍须克服这些结构性障碍，并逐渐削弱城市和省级行政机构的作用。自1598年起担任财政大臣的苏利公爵为亨利四世的统治奠定了坚实的财政基础。与此同时，法国多地发生的反抗起义都遭到严厉镇压，最终法国朝着亨利四世所期望的方向不断前进。多数起义失败的原因在于民众缺乏明确的诉求。除此之外，亨利四世还平息了更为野心勃勃的危险叛乱，如1602年爆发的反对王室的贵族起义。萨瓦地区的查尔斯·伊曼纽尔（Charles Emmanuel de Savoie）是这场叛乱的发起者，勃艮第总督比隆公爵（Le duc de Biron）和胡格诺派的布永公爵（Le duc de Bouillon）随后加入。叛军得到西班牙的资助，这导致亨利四世陷入更加艰难的处境。然而，亨利四世最终成功平息叛乱并巩固王权。经过法院审判后，比隆公爵在巴黎被处死。

毫无疑问，是西班牙煽动比隆公爵起兵反抗亨利四世。因而自1608年起，法西两国边境的不稳定局势使得亨利四世支持德意志地区的新教势力，并加强与其他国家的外交关系。同年，他对在神圣罗马帝国内建立福音派联盟表示支持。1609

年，法国对联省共和国和西班牙之间的休战进行干预，并支持勃兰登堡选帝侯对神圣罗马帝国争议领土的主张。亨利四世采用近乎武力的手段向他国施加威胁。但在 1610 年 5 月 14 日，已经躲过数次袭击的亨利四世在卢浮宫附近被狂热的天主教徒弗朗索瓦·拉瓦莱克（François Ravaillac）刺死。无论是熔化的铅、沸腾的油，还是四马分尸的酷刑，都无法从弗朗索瓦口中撬出丝毫有关其动机或阴谋策划者的供词。当时的法国不仅缺乏君主的统治，还面临着内战的威胁。

玛丽·德·美第奇的摄政

1610 年亨利四世被暗杀后，他的妻子玛丽·德·美第奇成为 9 岁的路易十三的摄政王。尽管她有政治野心，但这位虔诚的天主教徒深受侍女莱奥诺拉·加利加（Leonora Galigaï）及其丈夫孔奇诺·孔奇尼（Concino Concini）的影响，后者很快被任命为军队元帅，并被授予昂克尔侯爵的称号。玛丽王后采取与天主教西班牙和睦相处的政策，这让新教界和亨利四世的支持者们，特别是苏利公爵感到担忧。于是她试图用宽松的财政政策来打消大臣们的疑虑。1614 年，玛丽王后召开三级会议，但事实证明该会议无法平息争斗。

正是在这种背景下，法国爆发多起贵族起义，例如，1615 年的孔代起义。与此同时，法国宫廷内部阴谋接连不断，一直困扰着孔奇尼及其追随者——包括年轻的吕松主教阿尔芒·德·黎塞留（Armand de Richelieu），他逐渐在宫廷内脱颖而出。

亨利四世的统治出乎意料地结束，1617 年，年仅 16 岁的路易十三掌权执政。为了表明自己的立场，他立即与母亲保持距离，信任新的宠臣，即普罗旺斯贵族查尔斯·德·阿尔伯特·德·卢恩斯（Charles d'Albert de Luynes），这引发王室内部的权力斗争。接下来的几年里，母子之间充满矛盾，激烈冲突不断。由于路易十三年纪尚轻、缺乏经验，以及身边谋臣的平庸，最终双方达成和解。实际上，正是王太后的远见卓识决定了法国未来的发展方向。玛丽·德·美第奇向路易十三建议，应该选择一位有政治抱负与才干的大臣来辅佐他。1624 年，路易十三任命 1622 年成为红衣主教的黎塞留作为国王的主要顾问。

红衣主教黎塞留——路易十三在拉罗谢尔的铁腕人物

为了加强王室的权力，黎塞留不得不打击胡格诺派和封建贵族的势力。黎塞留因此必须摧毁他们在法国境内的所有堡垒，以免他们在造反时有避难之地。黎塞留亲自带领军队占领并摧毁拉罗谢尔的新教堡垒。

如果说红衣主教黎塞留缺少些什么，那肯定不是野心。他总是不遗余力地实现自己的目标，攻占拉罗谢尔的战役就能证明这一点。亨利四世（他本人曾是胡格诺教徒）于1598年签署《南特敕令》将拉罗谢尔堡垒授予新教徒。黎塞留之所以想要摧毁这座堡垒，不仅是因为亨利四世被暗杀后他本人产生的亲天主教倾向，也由于他确信胡格诺派控制的要塞是一种国中国，可能是其他新教王国（如英格兰）入侵的首选地。围攻战于1627年9月开始。次年10月，在黎塞留修建堤坝切断出海口后，拉罗谢尔城终于投降。

插图 左图：贝尔尼尼（le Bernin）雕刻的黎塞留半身像，现藏于巴黎卢浮宫博物馆；右图：雅克·卡洛特（Jacques Callot）绘制的1628年拉罗谢尔城全景；第99页图：《拉罗谢尔围攻战中的黎塞留》，亨利·保罗·莫特（Henri-Paul Motte）创作的油画，现藏于拉罗谢尔历史博物馆。

黎塞留时代

自1624年起，23岁的路易十三在红衣主教黎塞留的辅佐下统治法国。黎塞留无疑具有卓越的才能，他善于将坚强的意志与巧妙的机会主义结合起来。他致力于有条不紊地稳固自己和年轻国王的权力，为此他推行镇压所有反对势力的政策。

黎塞留一直将法国置于高压之下。他希望法国能够成为强大而统一的王国，因此使用铁腕手段来管理国家。他无情地镇

压贵族叛乱、反对税收暴动或由饥饿和贫困引发的兵变。1628
年，他通过围攻保障胡格诺派信仰自由之地——拉罗谢尔，来
迫使他们服从王室的意志。围攻战役后，城墙被夷为平地，拉
罗谢尔市政府失去一切特权。虽然新教仍被允许存在，但天主
教在拉罗谢尔得到恢复与传播。其他类似的叛乱纷纷遭到镇压，
这使得王室的地位日益得到提升。1629 年，路易十三颁布《阿
莱斯恩典敕令》（*L'édit de grâce d'Alès*），保障《南特敕令》

中规定的新教徒在宗教、民事和法律上的自由，但却剥夺了他们未来的一切政治与军事特权。

黎塞留对于法国教派的干预行径，反映出分裂法国的宗教战争正如火如荼。一方面，以玛丽·德·美第奇和奥地利的安妮王后为中心的"虔诚派"（Le parti des dévots）主张驱逐新教，并在神圣罗马帝国推行捍卫天主教的政策。另一方面，黎塞留所支持的"善者派"（Le parti des bons Français）强调在法国内外都应"避免混淆国家利益和宗教利益"。路易十三夹在两派之间难以喘息，这最终导致1630年11月10日"愚人日"事件（La journée des Dupes）的发生——玛丽太后企图在宫廷内发动反对黎塞留的暴力政变。数小时后，路易十三召见黎塞留并重申对他的信任。而"虔诚派"的领导者及其成员立刻被绳之以法：革职、流放或软禁。玛丽太后则逃往尼德兰。12年后，她在当地逝世，再未返回法国。

在得到国王的完全信任后，黎塞留便将与哈布斯堡王朝的斗争置于国内政策之上。他成功解决法国国内的经济危机，揭露宫廷阴谋并对大规模人民起义进行镇压。然而，镇压起义无疑是造成黎塞留"伟大法兰西"政策失败的重要原因。对黎塞留的不满情绪逐渐在2000万法国人民内部不断蔓延。这种情绪不仅将农民聚集起来，还团结了部分城市资产阶级与贵族。因此叛乱接踵而至，1635年、1636年至1637年的粮食歉收更是雪上加霜。1639年，卢瓦尔河和加龙河地区爆发农民起义；1643年，诺曼底地区爆发赤足党起义……

在对外政策方面，尽管黎塞留做出不懈努力，但是法国在欧洲的军事影响力仍在逐渐衰落。意识到法国缺乏训练有素的陆军与强大的海军，因此黎塞留制定的军事战略多以间接打击哈布斯堡家族为基础，他还采用灵活的外交手段，并且向西班牙和奥地利的敌人提供巨额津贴。然而，在瑞典国王古斯塔夫·阿道夫去世以及西班牙取得纳德林根战役的胜利后，黎塞留认为直接攻击西班牙的时机已经来临。1635年，法国向西班牙宣战。为了应付不断增加的军费，法国面临巨大的财政压力。然而，战场上获得的一系列胜利似乎在推动法国继续对西作战。1642年，黎塞留去世，这一消息让法国人民如释重负。而黎塞留却无法享受法国军队战胜所向披靡的西班牙军团时的喜悦。

马萨林与投石党

1643 年，在黎塞留去世几个月后，路易十三逝世。在黎塞留曾经的追随者——红衣主教马萨林的协助下，路易十三的遗孀奥地利的安妮王后就任摄政王。安妮王后和马萨林主教的关系极其密切，甚至有传言说二人秘密缔结婚约。但无论如何，他们都必须面对继续战争的挑战和筹措资金的困难。虽然法国是欧洲人口最多的王国，但有时其税收负担过重，很容易引起暴力骚乱。农民以及部分城郊民众进行起义，并最终演变成流血事件。穷人与贵族阶层再次对红衣主教马萨林产生强烈的反感。此外，中央政府的集权措施引起各级权力机构的反抗，特别是在地区法院中，尽管在抗议中发挥主要作用的是巴黎高等法院。但农民、贵族和城市精英的目标并不相同，甚至相互矛盾。在这些连续的抗议中（或称投石党运动中），他们之间仅达成一项共识，即拒绝黎塞留和马萨林强行施加的战争。

第一次投石党运动是在 1648 年 8 月至 1649 年 3 月期间发生的高等法院投石党运动。巴黎高等法院联合各地法院代表召开会议，审议"王国改革"的必要性。他们决定限制王室的财政权力，并削减君主在设立职位与征税方面的自主权。在其他协议中，他们提出一种新的权力框架，即由地方政府监督中央政府。

巴黎民众对法院协议的大规模支持使得马萨林主教和王室成员不再犹豫，决定出走巴黎。摄政王后则命令孔代亲王率领大军包围巴黎。在混乱和破坏的社会氛围中，贵族阶层最终将人民视为过于危险的敌人。

在特赦和津贴政策的安抚下，巴黎贵族阶层逐渐放弃抗议。但这是一种欺骗性的绥靖，因为对马萨林的不满与抗议在巴黎和法国其他地区仍以不同程度继续存在。

贵族阶层是 1650 年爆发的第二次投石党运动的主角，即"亲王投石党运动"（Fronde des princes）。其主要领导人是孔代亲王，他在平息第一次投石党运动中发挥了决定性的作用。孔代亲王对自己获得的军事荣誉十分自豪，梦想着取代马萨林主教，赢得王室的青睐。然而在数次阴谋失败之后，孔代亲王被马萨林下令囚禁。随后，其他权贵也纷纷入狱。

各省的局势开始失控，各级法院与贵族再次联合，投石党运动在 1650 年 12 月

马萨林——黎塞留的意大利继任者

　　无所不能的黎塞留在遗嘱中向路易十三推荐自己的一位门生——红衣主教马萨林——接替他的职位，担任法国首相。在黎塞留去世后不久，路易十三也离开人世，但他的妻子，即摄政王后听从了黎塞留的建议。

　　1630年，当法国准备入侵意大利北部时，一位为罗马教廷服务的年轻外交官拜访黎塞留。他就是儒勒·马萨林（Jules Mazarin）。尽管未能实现遏制法国军队攻势的任务，但他的个人品质给黎塞留留下了良好的印象。1635年，当黎塞留再次见到搬到巴黎的马萨林时，他更确信心中的想法。1639年，马萨林入籍法国，成为黎塞留最亲密的合作者之一。后者努力使马萨林被任命为红衣主教，并作为继任者来治理法国。尽管马萨林在外交和政治上取得了许多成就，例如，与西班牙签订《比利牛斯条约》（Le traité des Pyrénées），但他仍然受到很大的非议，并且被迫应对投石党运动等国内爆发的叛乱。

　　插图　《马萨林肖像画》，菲力普·德·尚帕涅（Philippe de Champaigne）绘制，现藏于法国凡尔赛宫。

至 1651 年 9 月期间达到高潮。路易十四迫于压力接受 1648 年制订的改革方案，马萨林也无法维持局势的稳定。在深思熟虑之后，马萨林释放孔代等贵族，并出走巴黎，将自己流放到科隆。共同敌人的消失在王国内部产生令人震惊且出乎意料的影响：替罪羊马萨林的离开不但没有带来和平，反而揭露出叛军内部的深刻分歧。随后，第二次投石党运动结束，贵族阶层（尤其是孔代亲王）退出抗议者阵营。

1651 年 9 月至 1653 年 8 月期间，法国爆发第三次投石党运动，又称"大孔代运动"（Grand Condé）。这是三次投石党运动中最为血腥与灾难的一次，对整个

马萨林的遗嘱

前"四国学院"［如今的法兰西学院（L'Institut de France）］是根据马萨林主教的遗愿建造的。他在遗嘱中表示将遗赠其个人财产，用于建造一所学院，为四个国家的 60 名贵族提供教育。

《比利牛斯条约》：不只是划分领土

尽管 1648 年《威斯特伐利亚和约》的签订正式终结三十年战争，但欧洲大陆并没有完全实现和平。加泰罗尼亚地区依旧存在战争，即法国与西班牙之间的收割者战争。1659 年，新条约的签订最终带来和平。

1659年11月7日，两国在费桑岛（位于法西边境的比达索亚河上）庄严地签署和平条约，这意味着加泰罗尼亚战争的结束。法国从该项和平条约中获得极大的利益，不仅将觊觎已久的鲁西荣和塞尔达涅地区纳入版图，还获得阿尔图瓦郡和东部的几座军事要塞，如梅斯和凡尔登。作为交换，法国须停止对葡萄牙的援助，并放弃侵占巴塞罗那的野心。但《比利牛斯条约》不仅涉及领土的划分，还包括关于贸易、交换战俘，甚至通过联姻结束两国长期争端的条款。

插图 《比利牛斯条约的签署》，勒莫尼（Laumosnier）创作的油画，现藏于勒芒泰塞博物馆。这幅画描绘了大多数参与者的脸庞。❶ 费利佩四世——西班牙国王。❷ 路易十四——法国国王。❸ 费利佩四世长女玛丽亚·特蕾丝（Marie-Thérèse），她注定成为路易十四的王后，条件是她与路易十四必须放弃继承西班牙王位的权利。❹ 唐·路易斯·门德斯·德·哈罗（Don Luis Méndez de Haro），奥利瓦雷斯伯爵—公爵的侄子，代表西班牙进行谈判。❺ 马萨林主教，代表法国进行谈判，取得《比利牛斯条约》的伟大胜利。

王国造成毁灭性的后果。孔代亲王与西班牙达成协议，将投石党运动变成一场国际战争。叛乱的民众由于缺乏组织、统一的行动方针以及坚实的社会基础而再一次受到惩罚。贵族则逐渐屈服于王室给予的赎罪机会与各种恩惠。在军事叛乱失败后，孔代亲王被迫前往尼德兰避难。摄政王后和年轻的路易十四随后将马萨林召回宫廷。1653 年 2 月，马萨林主教的所有特权得以恢复。

红衣主教的衰落

1656 年至 1659 年间，尽管仍有几次外省贵族叛乱与农民起义需要镇压，但是法国总体上迎来了和平时期。三次投

石党运动造成的危机表明贵族阶层和各级法院无力统治王国。随着权力的不断加强，马萨林主教在太后和路易十四的支持下，在法国推行专制主义统治。为此，他挑选出一支可靠的顾问团队。其中的成员不久前才崭露头角，他们[塞吉埃（Séguier）、富凯（Fouquet）、柯尔贝尔（Colbert）、卢瓦（Louvois）]后来也为路易十四的统治成就做出贡献。但是马萨林实行的新政策并未对顽固的税收措施做出修改。而这种残酷的税收措施让法国人民痛苦不堪。尽管如此，马萨林还是从他的政治和外交策略中受益。叛乱失败流亡的孔代亲王的威望再次得以恢复；《比利牛斯条约》的签署意味着法国在对抗西班牙的战争中赢得胜利。

1648 年至 1652 年间，投石党运动在法国造成的混乱为西班牙军队提供入侵的可乘之机。然而自 1652 年起，马萨林主教发动外交和军事攻势，旨在孤立西班牙国王费利佩四世，迫使他签署和平协议。1655 年，法国与克伦威尔统治下的英国签订友好条约，克伦威尔于 1657 年以其舰队以及一支 6000 人的特遣队援助法国进行战争。英法联军的海上攻击使得敦刻尔克迅速陷落，并在 1658 年 6 月 14 日的沙丘之战中大胜西班牙舰队。

1659 年 11 月，法国与西班牙共同签署《比利牛斯条约》。根据该条约，西班牙将鲁西荣、塞尔达涅的一部分领土、阿尔图瓦的弗拉芒地区以及弗兰德与卢森堡的几个军事要塞割让给法国。除此之外，为了建立和平友好的关系，法国国王路易十四与西班牙公主玛丽亚·特蕾丝缔结婚约。

国王与宫廷

在马萨林主教去世后的第二天，路易十四就决定独立执政。毫无疑问，他不仅在思想上已经做好充分的准备，还接受过高等教育并且了解王国的实际情况。路易十四唯一的不足是其自负的性格，正如他的象征——灿烂的太阳与其座右铭（Nec pluribus impar，通常被译为"无与伦比"）所表明的那样。太阳与其座右铭"无与伦比"也反映出路易十四渴望建立普世帝国的设想。他很快就成为当时绝对君主的完美原型。路易十四以神授君权进行统治，他不仅决定法国所有的法律，享受一切特权，还担任法国的最高法官。路易十四还将自己塑造成神的形象，这使得宫廷内开始以一种近乎神圣的礼仪来尊敬国王。路易十四在全国寻找建立王宫之处，最终于 1682 年选定凡尔赛。正是在这块独特的领地之上，路易十四带领法国迎来卓越非凡的时代。

路易十四身边的大臣并非都是阿谀奉承、毫无价值与爱慕虚荣之人。他可以依靠经过精心挑选且称职能干的辅佐大臣。他建立专门的皇家委员会，每周两次审查王国内政和外交的重大事务。在所有大臣中，尼古拉斯·富凯（Nicolas Fouquet）（他很快就因腐败而失宠）、卢福瓦侯爵（François Michel Le Tellier de Louvois）和于格·德·利奥纳（Hugues de Lionne）表现突出，还有做出极大贡献的让·巴普蒂斯特·柯尔贝尔（Jean-Baptiste Colbert）。

1671 年，格·德·利奥纳去世后，前陆军大臣勒泰利耶侯爵（Le Tellier）之子卢福瓦侯爵加入辅佐路易十四的阵营。虽然柯尔贝尔是国家财政与经济事务方面的专家，但卢福瓦在军事方面的表现更为突出。他认为政府的根本任务是加强国王对整个法国的绝对权力。传统代表会议的权力（神职人员大会、贵族三级会议、地区议会、法院、主权城市）自此受到限制。总之，他们的有效权力遭到削弱。至于参与投石党运动的民众，他们失去选举其行政长官的权力，当地的官员由君主直接任命。这些创新首先需要改革现行立法，以通过适用于整个王国的法令与法规 [例如 1669 年颁布的《森林与水法令》（*Les ordonnances sur les eaux et forêts*）、1670 年的《刑事诉讼令》（*Les ordonnances sur la criminalité*）、1681 年的《海洋法令》（*Les ordonnances maritimes*）等] 将其标准化。这种立法改革也影响到法国的海外殖民地，例如，1685 年路易十四颁布适用于西印度群岛的《黑人法令》（*Code noir*），允许在该地区进行残酷的奴隶贸易。

财政与宗教问题

柯尔贝尔积极有效地调整财政政策。在与联省共和国爆发战争之前，他通过严格控制账目，设法保持法国财政收支平衡。不仅如此，他还减少传统上给预算平衡带来负担的租金和关税，并在税收方面做出重大改进。人们认为柯尔贝尔早在 1667 年就已经提出预算这一概念。虽然这一说法在时间上有误，但却十分接近事实，并体现出柯尔贝尔在财政方面的严谨核算能力。除财政政策之外，柯尔贝尔还采取许多其他措施。他通过保护主义立法和支持制造业政策，积极促进法国与欧洲各国进行巨额贸易。

然而，即使柯尔贝尔拥有卓越的财政管理能力，最终也难以应付持久的战争。事实上，除了军事装备和王国防御工事的费用之外，法国国库还必须为在凡尔赛建造一座伟大的宫殿和维持路易十四数额极其巨大的宫廷开销提供资金。王室财政被迫不断诉诸增税，或以滥用的利率与私人银行家谈判贷款。此外，从 1680 年起，国家将征税权出售给私人也成为惯例。这使得社会中最底层的人民遭受更为严重的

沃邦：路易十四时期法国要塞的建筑者

马萨林与其继任者柯尔贝尔并非仅仅实行干预政策。他们关注法国现实，加固王国边界。因为领土边界的变化和军队引入的技术革新（尤其是火炮的出现）已经使现有的堡垒变得过时。塞巴斯蒂安·勒普雷斯特雷·德·沃邦元帅（Sébastien Le Prestre de Vauban）是17世纪最伟大的军事工程师，他负责改造法国的防御系统。沃邦设计、重建或改造法国西部、北部和东部边境的要塞和城堡，包括位于阿尔萨斯地区的新布里萨赫城堡（右图所示）。这是沃邦加固的十二座城堡之一，此外还有阿拉斯、龙韦、路易山和布里昂松等地的城堡。自2008年以来，这些防御工事已被列入联合国教科文组织的《世界遗产名录》。

萨尔斯堡垒 这座加泰罗尼亚式堡垒由西班牙斐迪南国王重建。它在《比利牛斯条约》签订后划入法国。沃邦元帅对其进行改造，但由于这座堡垒距离法国与西班牙新边界线仅有50公里，所以被用来关押犯人。

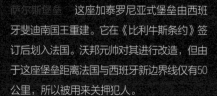

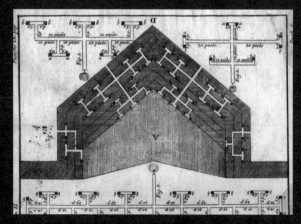

设计、规划、堡垒建造术 沃邦的防御工事设计试图最大限度地降低，甚至消除大炮的影响，因为它们能够轻易地轰倒古老的中世纪城墙。上图：1745年出版的法国军事工程论文中的一座堡垒细节（灵感来自沃邦建造的堡垒），现藏于柏林艺术和历史档案馆。

1 平地 过去的建筑工程师喜欢在陡峭且难以进入的地点建造堡垒，沃邦则与之不同，他更倾向选择平坦的土地，采用石头和沙子建造城墙低且厚的堡垒。这些材料能够更好地抵御敌方炮弹。

2 棱堡 沃邦建造的堡垒最突出的特征之一是使用棱堡。但是棱堡并非沃邦的发明，其起源可以追溯到所谓的"意大利式"防御工事。棱堡向外突出，并位于堡垒的四角，以便对外防御。

3 半月形城堡 另一个源自"意大利式"防御工事的特殊结构是半月形城堡，也被称为"半月"，沃邦在建筑中有效利用这种结构。半月形城堡呈三角形，通常位于外围沟渠的另一侧。它能迫使敌军分散，起到保护城墙的作用，还能对敌人进行交叉攻击。

4 星形平面图 堡垒中的棱堡和半月形城堡设计使得防御工事呈现出星形排列。所有欧洲强国都迅速效仿这种建筑模式，其中包括西班牙（如位于菲格拉斯的圣费尔南多堡）。城墙内建筑呈网状分布，其中心为中央广场，周围坐落着主要建筑。

让·巴普蒂斯特·柯尔贝尔——路易十四的著名财政大臣

柯尔贝尔是路易十四辉煌的统治时期与法国"伟大时代"（Le Grand Siècle）的缔造者之一。这得益于他管理国家财政以及增加国库收入的卓越能力。

很少有经济学家有幸或有功以其名字命名经济学说，让·巴普蒂斯特·柯尔贝尔就是其中之一。柯尔贝尔主义的基础是贸易保护主义和政府在创造国家财富方面的积极作用。1661年被任命为财政大臣后，柯尔贝尔开始将其经济理论运用于国家财政管理。在此之前，这位商人的儿子已经作为马萨林主教的亲信之一（负责管理马萨林的财产）而声名鹊起。在马萨林主教去世以及前任财政大臣尼古拉斯·富凯失宠之后，柯尔贝尔接管除战争和外交以外的所有国家事务。他签署各种各样的文件，如修建米迪运河、开放9个广场与新建成的杜伊勒里公园来装饰巴黎，以及创建法兰西科学院等。柯尔贝尔的才华与工作能力使其成为路易十四始终信任的少数几人之一，即使在他管理的国家出现严重经济危机的时候。

插图 让·巴普蒂斯特·柯尔贝尔半身像，由尼古拉·库斯图（Nicolas Coustou）创作，现藏于法国凡尔赛宫。

皇家礼拜堂（第112页）

这座礼拜堂于1710年，即路易十四去世前5年完工。这是太阳王在凡尔赛宫的最后一项伟大工程。该建筑采用传统法式风格，分为两层，耗时数年。凡尔赛宫的著名建筑师儒勒·哈杜安·孟沙尔（Jules Hardouin-Mansart）负责设计礼拜堂的最终形式，在他去世后，这项工作由他的姐夫赫伯·德·科特（Robert de Cotte）完成。

剥削，这种情况不仅发生在城市，在贫困交加的农村更为明显。

除财政困难外，路易十四还不得不面对宗教问题。他在浓重的天主教环境内接受教育，对詹森主义运动极为敌视。他不仅指责詹森主义是异端邪说，还认为其信徒是对自己不忠。詹森主义的名字来自《奥古斯丁》（*Augustinus*，1640年）一书的作者康内留斯·詹森（Cornelius Jansen），他主张极其严格的天主教教义。在对《奥古斯丁》进行刻苦而细致的阅读后，詹森认为基督只是为一小部分被选中的天主教徒而非为全人类而牺牲。这种解释与当时欧洲盛行的耶稣教义（在某些方面更为宽容）直接对立。

詹森主义运动起源于法国巴黎波尔·罗亚尔修道院，当时的重要人物例如布莱斯·帕斯卡（Blaise Pascal）和让·拉辛（Jean Racine）都曾在此定居。詹森派与虔诚派之间的联系导致波尔·罗亚尔修道院居住的"隐修士"（Solitaires de Port-Royal）遭到天主教的迫害。

罗马教廷认为詹森派是对天主教教义的离经叛道。1653 年，罗马教皇颁布圣谕，谴责詹森教派以及《奥古斯丁》所捍卫的 5 项具体主张。在教皇的影响下，法国天主教派草拟了一份对圣谕的认同书，并交给法国主要的詹森派教徒签署。他们中的许多人（包括 4 位主教和波尔·罗亚尔修道院修女）都拒绝签署并开始反抗国王。只有在新教皇克雷芒九世（Clément Ⅸ）的干预下，才达成解决方案：《克雷芒和约》（La paix clémentine）的签署令双方暂时休战，持不同意见的主教们采取和解的"卑微沉默"（Silence obséquieux）。但关于这次和解的合法性再次引发争议，因为这件事暗示路易十四担当了法国正统天主教的担保人。1709 年，路易十四下令将修女们强行驱逐出波尔·罗亚尔修道院。翌年，该修道院被毁。

路易十四采取绝对君主主义进行统治，并借此重新定义天主教会在法国的地位，詹森派运动只是其中一桩事件。他还不断促进罗马教会内部亲法势力的发展。众所周知，路易十四与罗马教皇对詹森派事件进行过协商，但对于教皇的其他命令，他更注重维护法国主教的权威而不是罗马教会的权威。除此之外，关于对教皇永无谬误论 [10]（L'infaillibilité papale）施加限制的问题，路易十四积极鼓励法国天主教教徒从教义层面进行讨论。虽然过程十分漫长，但法国神职人员最终逐渐接受绝对君主主义。于是，法国不再向民众公布教皇诏书。宗教裁判所的审查法令也遭到忽略，而索邦大学则被确立为法国最高神学权威机构。1682 年，法国宗教会议公布一则宣言，其中包含"高卢主义四条款"（Gallican Articles）。这则宣言随后成为法国天

---

[10] 教皇永无谬误论：指教皇在一定条件下对信仰或道德问题所发表的意见不可能有谬误。——译者注

主教会所奉行的准则。宣言的基本内容表明教皇的权力仅限于精神层面。

但路易十四统治时期最重要的宗教事件是 1685 年《南特赦令》的废除。根据只有"一个国王、一个上帝、一种宗教"的绝对主义原则，近百万新教徒的日常生活变得令人无法忍受。路易十四怀疑法国新教徒与尼德兰新教徒相互勾结，这使新教逐渐变成一种国际威胁。在整个统治期间，路易十四对胡格诺派（即法国加尔文派）进行不同程度的施压，从威胁到贿赂，包括强迫新教家庭将其子女送到天主教学校等。他甚至还采用特别残忍的手段，如可怕的龙骑兵团。龙骑兵团士兵对新教徒进行攻击和谋杀，强迫他们改信天主教。

1685 年 10 月 17 日，路易十四签署《枫丹白露诏令》（*L'édit de Fontainebleau*），宣布废除自 1598 年带来宗教宽容的《南特赦令》。法国正式再次成为天主教国家。许多新教徒（1680 年至 1700 年间约有 20 万人）逃离法国。尽管如此，新教仍旧存在于民众隐秘的生活中，甚至会在所谓的"荒漠集会"（L'Assemblée du Désert）即在户外偏僻地方举行的礼拜仪式中，偶尔再次出现。参加这些活动的人极有可能遭受牢狱之灾或被处死。这些导致新教徒殉道的迫害令国内一些重要地区爆发起义，例如 18 世纪初在塞文山爆发的卡米撒派起义。

欧洲政策

在统治的前十年里，路易十四向 3 个欧洲强权实行霸权政策：西班牙、英国和罗马教廷。他的目的不是推行征服与侵略，而是在国际舞台上获取威望。为此，他参与各种结盟，与欧洲各国王室进行强势外交，以实现法国在欧洲的主导地位和领土吞并，并越来越多地参与德意志地区事务。

在某种程度上，这一政策路线是黎塞留和马萨林自 17 世纪初以来所推行的国际战略的延伸，即认为法国应该巩固其可追溯到罗马高卢时期的自然边界。为了获得这些领地，法国对阿尔卑斯山、比利牛斯山以及莱茵河的控制被认为是其最基本与不可协商的要求。

因此，法国所做的一切都是为了实现这一目标。例如，路易十四强迫洛林公

詹森教派与波尔·罗亚尔修道院——《奥古斯丁》的捍卫者

　　1640 年，一部以拉丁文写成的关于圣奥古斯丁神学的巨著在鲁汶出版。虽然没有与任何新教潮流保持一致，但是它对一个世纪前在意大利特兰托确立的天主教的正统地位构成重大挑战。《奥古斯丁》的作者、伊普尔地区前任主教康内留斯·詹森于 **1638** 年去世。

　　作为耶稣教会的死敌，詹森却从未与罗马教会彻底决裂；在去世前不久，他甚至要求教会当局对《奥古斯丁》进行审查。随后他提出的五大主张被认为是异端邪说，宗教裁判禁止该书出版。但无论是这一禁令还是罗马教皇乌尔班八世（Urbain Ⅷ）、依诺增爵十世（Innocent Ⅹ）和亚历山大七世（Alexandre Ⅶ）颁布的谴责谕旨都无法阻止《奥古斯丁》在法国各地的印刷与迅速传播，詹森教派就是这样产生的，天主教认为其与加尔文派同样激进。詹森教派十分严格地奉行教义，否定人行善的可能性，甚至认为天主教教会当局没有能力在人类世界代表神的意志。对于国家与教会，这无疑是一场危险的运动，但是教会在与它进行的斗争中并没有取得成功。詹森教派的主要传播中心位于巴黎西南部的波尔·罗亚尔修道院。在詹森的一位朋友让·杜弗吉尔·德·豪兰（Jean Duvergier de Hauranne）被任命为该地区妇女团体及学校的精神领袖时，詹森教派逐渐在当地占据主导地位。1679年，波尔·罗亚尔修道院被禁止接纳新的修女，随后于1710年被查封和摧毁。虽然波尔·罗亚尔修道院被迫关闭，但是詹森主义运动并未从此结束。

　　插图　《女修道院长和画家的女儿》，由菲利浦·德·尚佩涅（Philippe de Champaigne）创作，现藏于巴黎卢浮宫博物馆。

爵指定自己为继承人。西班牙国王费利佩四世去世后，路易十四声称拥有弗兰德地区的部分领土，因为他的妻子是西班牙公主玛利亚·特蕾丝，所以这些领土应该并入法国。路易十四有关继承法的观点在当时引起激烈的争论。这引发了法西继承遗产战争（1667年—1668年），法国元帅孔代亲王在这场战争中表现突出，仅率领一支7.2万人的军队便取得压倒性的胜利。这场迅速获胜的战争使法国成功吞并弗朗什–孔泰地区。面对法国军队的挑衅，西班牙似乎束手无策。然而1668年，三国同盟（英国、尼德兰与瑞典）迫使路易十四

艺术和科学的庇护者

路易十四资助莫里哀及其剧团，并于1660年将他们安置在皇家剧院中。作为演员、作家和戏剧导演，莫里哀一直积极创作。他的喜剧作品为其赢得王室的青睐，但却遭到教会、朝臣和资产阶级的敌视。因为莫里哀在戏剧中以尖酸的幽默谴责他们的虚伪。

插图 让·莱昂·热罗姆（Jean Léon Gérôme）创作的油画作品《路易十四与莫里哀》，画中国王邀请剧作家共进晚餐。这幅画作现藏于摩顿公共图书馆。

路易十四的伟大元帅们：杜伦尼 (Turenne) 和孔代 (Conde) 的战役

路易十四的大部分外交政策都基于两位军事家取得的成功，即杜伦尼子爵和孔代亲王。两人都是法国对抗三国联盟战斗中的主要人物。

路易二世·德·波旁（Louis Ⅱ de Bourbon-Condé，即孔代亲王）与亨利·德·拉图尔·奥弗涅（Henri de la Tour d'auvergne，即杜伦尼子爵）是路易十四在战场上的两位得力助手。前者属于宗教战争期间在新教阵营中表现突出的家族，这场战争在瓦卢瓦王朝最后三位国王统治期间对法国造成严重破坏。但是这并没有阻止孔代亲王效仿亨利四世改信天主教。他还是黎塞留主教的亲信，并于1641年迎娶黎塞留的侄女。孔代亲王在罗克鲁瓦战役中展现出杰出的战略敏锐性。杜伦尼子爵最初也信仰新教，直到1668年才皈依天主教。孔代亲王与杜伦尼子爵都参加了三十年战争，但命运让他们站到彼此的对立面。在1658年的沙丘之战中，杜伦尼率领法英联军击败与西班牙结盟的孔代亲王。1658年的尼德兰战争期间，路易十四的赦免令两人再次在同一阵营作战。

插图 右图：《亨利·德·拉图尔·奥弗涅于马斯特里赫特前》马术肖像，由亚当·弗兰斯·范·德梅伦（Adam Frans Van der Meulen）创作，现藏于德国历史博物馆；左图：孔代亲王的半身铜像，安东尼·柯塞沃克（Antoine Coysevox）创作，现藏于法国卢浮宫博物馆。

杜伦尼子爵和孔代亲王领导的战役 孔代亲王和杜伦尼子爵都参与了路易十四统治时期的主要战争，如三十年战争、法兰西继承遗产战争与尼德兰战争。他们甚至共同领导了一些十分重要的战役，如1645年击败天主教联盟的诺德林根战役。但两人也曾身处对立的阵营，特别是在第三次投石党运动中，孔代亲王逃往弗兰德地区以获得西班牙的庇护。

签署《艾克斯·拉夏贝尔和约》（*La paix d'Aix-la-Chapelle*），即《第一亚琛和约》。西班牙夺回弗朗什–孔泰地区，但法国仍控制着与神圣罗马帝国交界处的五处要塞和弗兰德地区的七座城镇。《艾克斯·拉夏贝尔和约》的签署，反映出西班牙在欧洲的政治影响正经历逐渐且不可避免的衰落。另外，三国同盟的胜利表明结盟是一种抵御路易十四帝国主义扩张的有效手段。

与联省共和国的战争

    联省共和国因其在三国同盟中的积极作用而著称。
它还是威胁法国在贸易领域地位的主要竞争对手。由于
柯尔贝尔采取保护法国产品免于征收关税的政策,两国
之间的经济战进一步激化。但自 1665 年以来愈演愈烈
的关税战似乎并没有对法国更加有利。法国不仅要应对
活跃的荷兰商人,还要与阿姆斯特丹和鹿特丹银行家的
巨大财政资源相抗衡。

路易十四针对联省共和国的军事战略的首要目标是打破三国同盟。为了换取巨额贷款，英格兰于 1670 年与法国签署同盟条约。1672 年，《斯德哥尔摩条约》（*Le traité de Stockholm*）的签订恢复了法国与瑞典的传统友好关系。这使得当时的联省共和国再次处于孤立状态。在没有事先宣战的情况下，法国军队依靠与莱茵兰达成的协议，于 1672 年春季入侵尼德兰联省共和国。

法国军队的占领行动极其迅速。在很短的时间内，路易十四的军队就再一次抵达乌得勒支的边境。为了重新掌握主动权，尼德兰人炸毁堤坝形成洪水，以阻碍法国军队的前进。威廉三世（Guillaume Ⅲ d'Orange）当时负责共和国的国防事务。在随后的几年中，联省共和国成功与以下盟友结盟以抵御法国的侵略：反对法国和土耳其联盟的神圣罗马帝国皇帝利奥波德一世、质疑瑞典在波罗的海称霸的勃兰登堡，以及总是受到西班牙及法国领土扩张威胁的萨伏依地区。而法国方面，由于英国议会向查理二世施压，英法两国盟友关系最终破裂。

尽管如此，杜伦尼子爵指挥的一系列战役仍然对于确立法国优势起到决定性的作用。但是，这位英勇的元帅于 1675 年在阿尔萨斯地区作战时不幸去世。实际上这一时期，路易十四的军队似乎在陆地上，甚至海上都所向披靡，为法国赢得数场重大战役的胜利。例如 1676 年，法国舰队于西西里岛沿岸击败德鲁伊特将军指挥的荷兰舰队。

而法国逐渐失去其他国家的支持，例如，瑞典和土耳其。英格兰与联省共和国的联盟却因为威廉三世（Guillaume d'Orange）和玛丽公主的婚姻而变得更加稳固，这最终迫使法国为保全利益进行和平谈判。

《奈梅亨条约》（1678 年—1679 年）规定法国与神圣罗马帝国交换数座要塞，将马斯特里赫特地区归还给联省共和国，以及废除损害尼德兰商人利益的 1667 年关税法。虽然法国向西班牙割让一些土地，但是路易十四仍然掌控着弗朗什-孔泰地区以及弗兰德地区的 14 座重要城市。除此之外，他还加强法国对洛林公国的影响。因此，尽管西班牙属于胜利方阵营，西班牙国王却觉得受到法国的蒙骗。

雷根斯堡休战

在法国军事与外交攻势持续不断的间隙，财政大臣的弟弟、阿尔萨斯总督查尔斯·科尔伯特从更有利于路易十四的角度，讨论并重新解释《奈梅亨条约》的条款。例如，他要求将所有曾经与阿尔萨斯和弗朗什-孔泰地区相关的领土重新纳入法国。基于这一领土合并原则，路易十四在几年内占领卢森堡的大部分地区、瑞典公国茨魏布吕肯以及包括战略重镇斯特拉斯堡在内的几个德国城市。阿尔萨斯和洛林地区则永远并入法国的领土。

奥地利与西班牙的哈布斯堡王室联合起来反对法国的掠夺。不久之后，联省共和国和瑞典也加入联盟。他们的目的是迫使路易十四严格遵守《奈梅亨条约》的条款。但是反法联盟迅速瓦解，以至于冲突最终仅仅表现为法国与西班牙之间的一场战争。

路易十四和神圣罗马帝国皇帝利奥波德一世于1684年签署《雷根斯堡协定》（*La trêve de Ratisbonne*），因为后者不得不抽身处理与土耳其的争斗。这项协议承认法国对路易十四自1681年所兼并土地的所有权，为期长达20年。西班牙国王查理二世别无选择，只能遵守《雷根斯堡协定》。路易十四完全无视《奈梅亨条约》的规定，他似乎已经达到权力的巅峰。在其自1682年定居的凡尔赛宫内，太阳王路易十四能够看到整个欧洲都匍匐在他的脚下。

统治末期的困难

1682年至1686年的一系列事件给路易十四的统治带来新的转折。1682年，法国王室迁至凡尔赛宫居住。同年，柯尔贝尔去世。1684年，法国与神圣罗马帝国签署《雷根斯堡协定》。1685年，路易十四废除《南特敕令》。最终于1686年，奥格斯堡联盟（即欧洲大部分国家结盟反抗法国）形成。随着事态的发展，路易十四的霸权开始衰落。

1682年，在44岁的路易十四搬到凡尔赛宫居住后不久，王后玛丽亚·特蕾丝去世。第二年，路易十四与情妇曼特农夫人秘密结婚，这位夫人不仅会影响国王的政治决策，甚至能决定他对和平政策与天主教信仰的态度。路易十四逐渐衰老，但他不得不面对两个悲痛的家族噩耗：王位继承人路易王太子于 1711 年去世，以及其后续的继承人贝里公爵（Le duc de Berry）于 1714 年去世。因此，当路易十四于 1715 年逝世时（享年 77 岁），他的继承人是一位年幼的王子——他的曾孙即未来的路易十五，勃艮第公爵（Le duc de Bourgogne）最小的儿子。

在此期间，宗教事务仍旧不断地困扰着路易十四。然而，教皇依诺增爵十一世（Innocent XI）的去世促使路易十四与罗马教廷之间达成协议。1693 年，罗马教廷接受法国王室的特权，授予 1682 年以来法国任命的所有主教相应职位。作为交换条件，路易十四会遏制法国天主教教会的自主权——指法国教会脱离教皇权威的倾向，并减少对法国教会事务的干预。他希望与罗马教廷的和睦关系能有利于处理可能危及法国统一与国王权力的宗教争端。通过这种方式，路易十四获得罗马教皇的支持，因此弗朗索瓦·费纳隆（François Fénelon）倡导的寂静主义运动被谴责为向神秘主义的偏移；路易十四还打压在法国重新抬头的詹森主义，这次抬头表现为盖内尔神父（Quesnel）发表阐述詹森主义的著作以及索邦神学院神学家们提出的"良心问题"（Les cas de conscience）。罗马教皇总是很乐意接受强大的路易十四的请求，强烈谴责这些主张，认为它们不仅在教义上是异端，还会对君主的利益造成威胁。另外，新教的反抗演变为大规模的叛乱，例如，1702 年和 1705 年在塞文山脉地区爆发的起义。而法国当时正深陷西班牙王位继承战争之中，因此难以调动两万名士兵来镇压这些起义。路易十四则依旧坚持其施行的宗教政策。根据 1715 年 3 月的一项法令，他将 1685 年后留在法国的所有新教徒都认定为天主教徒。但这仅局限于法律层面，因为实际上法国人民大都认为路易十四的宗教统一政策是全面失败的。

在路易十四统治后期，法国面临的经济问题最令他感到困扰。社会越来越难以为成本过高的战争筹集资金。事实上，法国也不再像从前那般，仅在占据地理位置优势的前提下面对特定的敌人。1688 年至 1704 年期间，由于其激进的侵略政策（仅是部分原因），法国发现反法同盟中几乎包含所有的欧洲国家。

路易十五——被喜爱者、太阳王的继承人

　　在统治法兰西 **72** 年后，路易十四逝世。他与妻子玛丽亚·特蕾丝所生的儿子都没能活到那个时候。路易皇太子于 **1711** 年去世，他的儿子也在同一年夭折。最终，路易十四的曾孙坐上王位。

　　路易十五继承王位时只有5岁。与他的祖父不同的是，在成年后可以执政的时候，他并未选择直接参与国家管理，而是依赖摄政王奥尔良公爵、曾经的老师——弗勒里红衣主教以及大臣们执政。统治初期，路易十五受到人民的爱戴，这使他赢得"被喜爱者"（Le Bien-Aimé）的称号。他积极促进国家财政的稳定和贸易的蓬勃发展。但是路易十五的巨额开销以及他的情人（如蓬帕杜侯爵夫人和杜巴丽伯爵夫人）所带来的负面影响日益增长，这些都令他逐渐声名狼藉。尤其在法国的外交政策上，路易十五让法国卷入一系列不得民心的战争，例如，奥地利王位继承战争（1740年—1748年）与英法七年战争（1756年—1763年）。英法七年战争之后，法国失去包括加拿大在内的广袤海外殖民地。

　　插图　《五岁的路易十五》，亚森特·里戈绘，现藏于法国凡尔赛宫。

奥格斯堡同盟战争

1686 年 7 月，法国在莱茵河地区不断施加的压力、路易十四实施的土地兼并政策以及反新教措施，导致德意志各诸侯和神圣罗马帝国皇帝利奥波德一世结成奥格斯堡同盟。这一同盟得到与神圣罗马帝国利益相关的其他国家的支持，如西班牙和瑞典，同时也得到联省共和国与葡萄牙的支持。他们的盟约旨在通过建立共同联盟阵线并反对法国任何明确或潜在的威胁，来确保欧洲局势的平衡。

尽管如此，法国并没有放弃其扩张主义政策。恰恰相反，在经过精心策划之后，法国准备利用利奥波德一世皇帝和奥斯曼军队在多瑙河地区冲突不断升级的时机，再次主动出击。1687 年，路易十四要求由斯特拉斯堡主教担任科隆大主教。次年，法军入侵普法尔茨，以路易十四的弟媳奥尔良公爵夫人即巴拉丁公主的名义，要求获得普法尔茨选帝侯的继承权。

1688 年，随着英国加入反法联盟，欧洲范围内长达 10 年的战争开始；在东欧地区，波兰、俄国、威尼斯共和国以及奥斯曼帝国都被卷入这场战争。英国舰队的强大实力预示着它将占据未来的海洋霸主地位。但在欧洲大陆上，法军将领们表现优异，采取的军事战略都取得极大的成功。10 年的战争让双方筋疲力尽，并且无法知晓最终谁会获胜。1697 年，《里斯维克条约》（ *Le traité de Ryswic* ）的签署为这场战争画上句号。与此同时，欧洲内部各方势力再次联合起来，以期解决西班牙王位继承危机。

海牙大同盟

《里斯维克条约》规定，路易十四需归还 1679 年至 1688 年间根据合并权吞并的所有领土，但斯特拉斯堡除外。路易十四被迫归还战争期间征服的领土，特别是弗莱堡、普法尔茨、洛林、卢森堡和加泰罗尼亚。

法国因此重新获得《奈梅亨条约》中规定的边界。但就《雷根斯堡协定》而言，最终的结果无疑有损于法国的利益。在法国军队未被击败之前，路易十四不得不退而求其次，采取温和政策。虽然他保留对阿尔萨斯和斯特拉斯堡的所有权，维护了

法军不容置疑的威望，但《里斯维克条约》标志着法国对欧洲新秩序的认可。曾经的欧洲国家纷纷效仿西班牙与法国的霸权政策，而如今它们逐渐转向平衡政策。

虽然里斯维克谈判旨在实现和平，但最激烈的讨论仍是关于西班牙王位的继承问题。自 1696 年以来，西班牙国王卡洛斯二世经历两次婚姻，但都没有生下继承人，并且其健康状况一直令人担忧。路易十四和利奥波德一世都与卡洛斯二世有亲属关系，这使他们都有资格合法要求继承西班牙王位。1698 年，双方达成协议，决定在卡洛斯二世去世后分割西班牙的领地。根据该协议的条款，西班牙王位及其主要财产将传给卡洛斯二世的

荣军院

路易十四在 1671 年至 1674 年间下令在巴黎建造荣军院，为在长期战役（特别是在三十年战争期间）中退役或受伤的士兵提供住所。建筑师贝哈勒·布鲁昂（Libéral Bruant）制订建造计划并开始施工；然而自 1676 年始，由他的学生于勒·阿尔杜安·芒萨尔（Jules Hardouin-Mansart）负责荣军院项目并建造其中的教堂与宏伟的穹顶。

拉乌格海战——奥格斯堡同盟战争中的决定性战役

1678 年《奈梅亨条约》的签署减缓法国对联省共和国的入侵步伐，但并没有浇灭太阳王的扩张野心。1688 年，法国在莱茵河地区发动了一场新的战争。

往日在战场上向路易十四微笑的胜利女神，在奥格斯堡同盟战争中变得冷漠。法国不得不与包括英国在内的欧洲列强组成的大规模同盟作战。其中一场决定性的战役是1692年的拉乌格海战，英法舰队爆发武装冲突。当时，路易十四正筹划帮助被1688年光荣革命废除的詹姆斯二世重新登上英国王位。为此，他组织了一支庞大的军队，规模如同一个世纪前的西班牙无敌舰队，企图登陆英国作战。但是，当法国舰队前往下诺曼底地区的拉乌格登船时，遭到英国舰队的拦截，后者在数量上远多于法国舰队（99艘船对44艘船，7100门大炮对3100门大炮）。5月29日英法舰队的第一次交锋并没有决定性的意义，但在6月2日和3日，英国成功地烧毁法国舰队的所有船只。这场胜利使英国成为欧洲仅存的海军强国。

插图 左图：一枚英国纪念拉乌格海战的勋章，上面雕刻着海神尼普顿面对着匍匐在地的路易十四；右图：一张18世纪的弗兰德挂毯，描绘法国战败的场景，现存于慕尼黑施莱希姆城堡。

侄子，即巴伐利亚选帝侯之子。而那不勒斯、西西里岛以及部分巴斯克地区将归路易十四之子大王储所有。而利奥波德一世将获得米兰的主权。然而，巴伐利亚王子的早逝导致 1700 年 3 月双方再次签署一项新协议，但利奥波德一世最终没有承认该协议。就西班牙国王而言，他无疑急于保护自己的遗产，选择法国大王储的次子，即路易十四的孙子安茹公爵成为西班牙王位的继承人。他的遗嘱中包含一项非常重要的条件：安茹公爵必须放弃对法国王位的继承权。1700 年 11 月 1 日，卡洛斯二世逝世。

　　遗嘱于 11 月 9 日在法国公布。因此，路易十四不得不在接
受这份遗嘱或尊重 1700 年 3 月签署的分治条约之间做出选择。
无论如何，法国与奥地利皇帝的战争似乎都不可避免。11 月 16
日，路易十四决定公开承认卡洛斯二世的遗嘱。在神圣罗马帝国
皇帝对法国展开敌对行动的同时，欧洲其他国家仍持观望态度，
他们都表示接受王位继承的条件并承认费利佩五世是西班牙的新
国王。然而，在随后的几个月里，路易十四的政治野心使他做出
一系列危险的决定。他反对卡洛斯二世遗嘱中的一项条款，即拒

《乌得勒支条约》和《拉斯塔特条约》之后的欧洲

在拉斯塔特最终确认的《乌得勒支条约》不仅结束了路易十四之孙费利佩五世（Philippe V）与神圣罗马帝国皇帝查理六世（Charles VI）为继承卡洛斯二世的西班牙王位而进行的战争，也形成一幅全新的欧洲地图。

插图　《查理六世肖像》，现藏于比利时皇家古代艺术博物馆。

神圣罗马帝国边境线
和约
西班牙失去的领地
法国失去的尼德兰驻地

弗尔讷　　　图尔奈
克诺克堡　　那慕尔
伊珀尔　　　蒙斯
梅嫩　　　　沙勒罗瓦

各国所获得的领土：
英国
奥地利
萨伏依
普鲁士

绝让费利佩五世放弃对法国王位的继承权，并命令法军入侵西属尼德兰，这也威胁到联省共和国的安全。1701 年至 1702 年间，海牙大同盟逐渐联合欧洲主要大国对抗法国和西班牙，而法国和西班牙仅有萨伏依公爵和巴伐利亚公爵作为盟友。1702 年 5 月 15 日，西班牙王位继承战争爆发。这场战争一直持续到 1713 年《乌得勒支条约》与 1714 年《拉斯塔特条约》的签署后才结束。

在这里，我们不去详述诸多关于政治、领土和经济的条款。但必须指出的是，法国签署的条约使得其边界远不如 17 世纪初那般稳定。波

❶ 英国 西班牙不仅将米诺卡岛和直布罗陀割让给英国，还给予英国奴隶专营权。除此之外，英国还获得纽芬兰、新斯科舍和哈德逊湾的所有权。

❷ 萨伏依家族 萨伏依家族不仅从西班牙得到西西里岛，同时也获得国王的头衔。但它随后用国王的头衔与奥地利换取撒丁岛的所有权。除此之外，萨伏依家族还收复在战争伊始被法国占领的萨伏依和尼斯。

❸ 联省共和国 联省共和国获得所谓"弗拉芒屏障"，即位于法国边境的八个要塞（包括伊普尔、那慕尔和沙勒罗瓦）。然而经济的崩溃导致联省共和国失去了航海与商业上的优势。

❹ 勃兰登堡 勃兰登堡选帝侯建立勃兰登堡–普鲁士国并获得普鲁士国王的头衔。他的儿子腓特烈一世（Frédéric Guillaume Ⅰ）继承其王位。

❺ 葡萄牙 该条约迫使西班牙将其在战争伊始占领的萨克拉门托殖民地（乌拉圭西南部）归还给葡萄牙。

❻ 法国 勃兰登堡将奥兰治省割让给法国，但同时法国需将加拿大阿卡迪亚的一部分和西印度群岛的圣克里斯托弗岛割让给英国。法国还承诺摧毁防御工事并封锁敦刻尔克港。

❼ 奥地利 西班牙将米兰、弗兰德、那不勒斯、撒丁岛的主权割让给奥地利。但是成为神圣罗马帝国皇帝的查理大公放弃了对西班牙王位的继承权。

❽ 西班牙 波旁王朝的费利佩五世被承认为西班牙国王。与此同时，西班牙在欧洲政治中沦为次要角色。西班牙在欧洲大陆上的所有财产都归属奥地利的哈布斯堡王朝，而米诺卡和直布罗陀则被割让给英国。

旁王朝成员继承西班牙王位，结束哈布斯堡王朝对法国围剿的局面。但不可否认的是，法国因25年来不间断的战争而疲惫不堪。此后，路易十四明确放弃称霸欧洲大陆的梦想。

1715年8月10日，77岁高龄的法国绝对君主太阳王在结束狩猎归来时感到一条腿剧烈疼痛，随后被诊断出坐骨神经痛。实际上，这是一种发展迅速的老年性坏疽。年老的橡树正在无可挽回地枯萎。临终前，路易十四召见他的继承人——曾孙路易，要求他做爱好和平的国王，尽可能避免"毁灭人民"的战争。1715年9月1日，路易十四逝世。

档案：凡尔赛宫——欧洲王室的典范

毫无疑问，凡尔赛宫的辉煌让欧洲的君主们艳羡不已，其中也不乏试图超越者，例如奥地利女大公玛丽亚·特蕾莎（Marie-Thérèse）下令扩建的美泉宫。

路易十四的建筑师

儒勒·哈杜安·孟沙尔（Jules Hardouin-Mansart）——路易十四的首席建筑师，被认为是法国巴洛克风格最重要的代表人物。但他主要是因为建造宏伟的凡尔赛宫而出名，这座宫殿随后成为欧洲其他宫廷的典范。

凡尔赛宫是太阳王路易十四的杰作。17 世纪 60 年代，在前王室居所卢浮宫最终布置完成后，路易十四决定建造一座新的宫殿，以反映其追求权力与荣耀

路易十四：太阳王与绝对君主

凡尔赛宫的辉煌无处不在，其装饰着王权象征（太阳）的外部空间也极其宏伟。左侧的图片展现的是位于镜厅正对面的水池，其中央坐落着象征塞纳河的雕像。上图为路易十四骑马雕像，由吉安·洛伦佐·贝尔尼尼（Gian Lorenzo Bernini）创作，现藏于罗马博尔盖塞美术馆。

的帝国计划。最终，他选择在凡尔赛建造庞大的建筑群，那里将成为宫廷与统治的中心，但同时也是无与伦比的奢华享受之地。凡尔赛宫及其花园的风格被欧洲王室的主要宫殿以及各地城市所模仿，其中包括位于维也纳的美泉宫、圣彼得堡的夏宫，以及波茨坦和德累斯顿更为小型的宫殿。

首先，路易十四在其父亲的狩猎小屋（1623 年—1624 年）旧址上建造一座"行宫"。1631 年至 1634 年间，路易十三委托著名的建筑师菲利贝尔·勒罗伊（Philibert Le Roy）将其扩建为一座文艺复兴风格的小型宫殿。1661 年，路易十四下令修建凡尔赛宫，将建筑师路易·勒沃（Louis Le Vau，1612 年—1670 年）、画家兼装饰家查尔斯·勒布伦（Charles Le Brun，1619 年—1690 年）以及园林设计师安德烈·勒诺特（André Le Nôtre，1613 年—1700 年）的作品结合起来。现有的建筑几乎没有改动，但他们对整个环境进行改造，增加各种建筑和栏杆，最重要的是设计出大量的花园。

为国王服务的画家与雕塑家

　　展现国王形象的艺术品等同于国王本人。例如，里戈创作的一幅著名的肖像画在路易十四离开宫殿时被放置于御座大厅内。背对这幅肖像画是一种冒犯国王的行为。君主的其他画像也会在宫廷庆典中占据首席位置，或者像圣路易的雕塑一般被游行队伍抬起。

插图　左图：尼古拉斯·拉尔吉利埃（NicolasLargillière）创作的油画，展现勒布伦制作适合镜厅比例的《征服弗朗什·孔泰》（La Conquête de la Franche-Comté）复制品的场景；上图：被誉为"新勒布伦"的弗朗索瓦·勒穆瓦内（François Lemoyne）于路易十五统治时期在国王大套间天花板上所作的壁画。

　　画家和雕塑家通过在宫殿内及其周围巨大的建筑群中摆放国王形象的艺术品来增加凡尔赛宫的宏伟程度。查尔斯·勒布伦在画家中脱颖而出，据说他创作的肖像画就如同"一面非常清晰的镜子"。孟沙尔建造的镜厅金碧辉煌并最终成为太阳王最具代表性的成就。当时最负盛名的雕塑家也在凡尔赛宫内工作。弗朗索瓦·吉拉尔东（François Girardon，1628 年—1715 年）和安托万·柯塞沃克（Antoine Coysevox，1640 年—1720 年）的创作灵感总体上来源于古希腊罗马神话，例如，仙女与海神的雕像。这两位雕塑家尤其喜欢创作太阳神与艺术保护神阿波罗的雕像，这显然是在暗指路易十四太阳王的身份。皮埃尔·普杰（Pierre Puget，1620 年—1694 年）的雕刻作品也十分著名。它们不但摆脱了流行的古典主义，而且反映出华丽且极富表现力的巴洛克式风格。

雕像　位于第二座橘园楼梯处的雕像，由孟沙尔创作。

广阔的花园 从拉朵娜喷泉看过去，大运河的水面让人的视野一直延伸到远处。

1665 年，当路易十四决定将凡尔赛宫作为王室的主要居所时，刚刚建成的 4 幢楼被并入原建筑中。在学生弗朗索瓦·德奥贝（François d'Orbay，1634 年—1697 年）的帮助下，路易·勒沃将所有建筑连接起来，以形成宏伟的整体建筑群。但宫殿的内部仍需进行设计。儒勒·哈杜安·孟沙尔（Jules Hardouin-Mansart，1646 年—1708 年）于 1678 年被任命为首席皇家建筑师，负责凡尔赛宫的设计。孟沙尔进一步增加建筑群的面积，并创造出至今仍是其最为成功的作品——令人印象深刻的镜厅。

路易十四的皇家风范不仅体现在凡尔赛宫的建筑上，还体现在其所处的环境中。勒诺特所设计的花园是灌木丛、花坛、喷泉和雕塑作品的几何组合。公园、鲤鱼池和喷泉沿着几何形状的林荫道排列，通向用金字塔形紫杉树篱装饰的圆形广场。外部环境总体布局的设计旨在通过树林（星林、迷宫林、三泉林花园）平衡城堡的体积，结合花坛和大型装饰喷泉（拉朵娜池、尼普顿喷泉、龙喷泉、阿波罗喷泉、瑞士湖等）。

花园内装饰着大量象征太阳王的男性雕像，以神话人物、神明或古代英雄为代表。在以大理石建成的宫殿内，女性雕塑的灵感来自王后、公主和王后套房中的主要侍女们。

那些专门用于休闲的建筑，例如大特里亚侬宫与爱奥尼亚式柱廊，也进一步增加了花园的吸引力。1682 年，凡尔赛宫正式成为太阳王的居所。而建造工程却一直持续到路易十四的统治结束以及随后的整个 18 世纪。

神圣的礼仪

凡尔赛宫遵循着极其严格的礼仪，围绕各种特权和优先次序进行组织。君主的一个手势可能意味着一位朝臣的升迁或是彻底失宠。贵族的前程、国家的命运，甚至在法国进行领土扩张时欧洲的未来，都是在凡尔赛宫内决定的。

王室隆重的仪式是贵族社会关系的核心。宫廷的日常生活节奏由各种礼仪决定，且不可更改。这是国王的统治工具之一，因为它不断强调着朝臣们对君主的绝对服从。例如，等级制度表现为是否有权获得一张扶手椅或凳子。在宫廷晚宴上，只有公爵夫人才有坐的特权。这些礼仪甚至规定一天中的不同时间应该穿着什么衣服。宫廷内的一切都有其规定：用帽子做出的敬礼、坐姿、起身或接近宫廷中地位最高的贵族的方式，以及在恭维公爵夫人前亲吻她的衣服的方式等。城镇代表要跪着向国王讲话，以区别于朝臣。

正如让·德·拉布吕耶尔（Jean de La Bruyère）在《宫廷》（De la Cour）一书中所写的那样，朝臣们将自己变成"真正的王室的猴子"（Vrais singes de la royauté）。拉布吕耶尔在书中描述了朝臣在国王做出手势后立即附和的模样，并对这种行为进行讥讽。微不足道的细节都表明朝臣的地位，更是君主对其施加真正奴役的表现。在路易十四统治时期，这种束缚影响了宫廷内成千上万的朝臣，他们被要求永远出席王室权力的戏剧表演。

凡尔赛宫的一切都围绕着君主展开，包括日常生活中的微小细节。著名的回忆录作家圣西蒙公爵（Le duc de Saint-Simon）很好地总结出国王精确的日程安排："只要有一本历法书和一块手表，300 里以外的人们都知道国王在做什么。"路易十四每天清晨都会被第一侍从唤醒。但是，他只能独处几分钟。随后王室成员、宫廷侍从、朝臣、御医以及其他侍从会进入寝殿，参与小晨起仪式（Le Petit Lever），这是只有少数高官显贵才有资格享受的亲密时刻。在小晨起仪式结束后，侍从们打开寝殿的门，以便国王进行大晨起仪式（Le Grand Lever），这场仪式的参与人数也更多。王子、公主、元帅以及主要朝臣都前来迎接国王，并多次行礼与提供各种服务。享受王室恩宠之人将为路易十四系上领带，整理鞋履，呈递手套，而国王则会对其说几句褒奖之词。梳妆完毕后，路易十四进行祈祷并开始他的公共日。

在吃过简单的点心后，路易十四会与内阁大臣处理国家事务。他习惯单独召见大臣，以免召开议会。国王所做的决定不容置疑。在处理完内政后，他会接见外国使臣以及任何希望向他提交请愿书的臣民。随后，路易十四将参加上午的弥撒仪式。在前往皇家礼拜堂的路上，朝臣们会站在宫殿长廊内的两旁。这种严格的仪式不仅是朝臣借助手势向国王表示尊敬，更是他们下意识的行为：路易十四有时会注意到宫廷成员的出席情况，并对缺席者加以责难。

弥撒结束后，国王将继续工作至下午 1 点。午餐时，只有国王和王后能够坐在餐桌旁。即使是国王的弟弟——被尊称为"殿下"（Monsieur）的奥尔良公爵（Philippe d'Orléans）在用餐开始时也必须保持站立。直到他将餐巾呈给国王后，国王才会允许他坐下来共进午餐。

下午，凡尔赛宫内会举办戏剧表演、舞会或是假面舞会，其间伴随着喷泉与公园里的焰火表演。然而，国王本人常常不参加这些庆典活动，而是工作到很晚。王室晚宴于晚上 10 点整开始。随后路易十四将与家人共处 1 个小时。

路易十四的睡前仪式与早晨的仪式类似。国王的入睡意味着凡尔赛宫迎来黑夜。

王权的框架

　　凡尔赛宫是法国君主实施欧洲强权政治之地。在公开接见时，凡尔赛宫会根据君主所接见者的地位打开一扇或两扇门。外国使臣必须穿过两侧有卫兵的长廊才能走到国王面前。卫兵的位置与武器、鼓声以及旗帜是否展开，都是使臣所代表国家的力量及其与法国的关系状况的象征。例如，武器和鼓被放在地上以及折叠的旗帜，这表明国王希望彰显自己的权力以及对外国使臣的不尊重。路易十四时期的凡尔赛宫，欧洲强国使臣的礼节事务极其难以处理。根据传统的等级价值观，公国或侯爵领地以及神圣罗马帝国的使臣应该让位于西班牙、英国、瑞典、丹麦或波兰等国君主派遣的使臣。所有的使臣都必须排在罗马教皇使臣之后，但是这并不被新教国家（尤其是英国）所接受。礼节问题引发持续数周的争论。在这场争论结束后，凡尔赛宫才真正开始接待各国使臣。

　　插图　《凡尔赛全景图》，由皮埃尔·帕特尔（Pierre Patel）绘制，现藏于法国凡尔赛宫。

花园　路易十三的园丁之子、园林设计师安德烈·勒诺特得到太阳王的青睐和庇护。除凡尔赛宫花园外，路易十四还委托他建造枫丹白露宫等其他王室宅邸。左图：勒诺特肖像画，意大利画家卡尔洛·马拉塔（CarloMaratta）约于1679年创作，现藏于法国凡尔赛宫。

庭院　它也被称为"部院"。朝臣和部长的马车停在这个庭院中。

2 栅栏　它将主庭院和皇家庭院隔开，在19世纪时被路易十四的雕像所取代。

3 皇家庭院　正如画中所描绘的，只有王室马车才能进入这一庭院。

4 大理石庭院　它位于路易十三第一座城堡的中心，该城堡曾被勒沃（Le Vau）和哈杜安·孟沙尔改建过。

易十三城堡　镜厅所在也是所有宫廷礼仪的心。

6 国王大套间　国王每周在这些厅室内（丰收厅、金星厅、月神厅、战胜厅、水星厅和阿波罗厅）接见3次王室成员与大臣。

7 王后套间　这些豪华的房间是为路易十四的妻子、西班牙费利佩四世的女儿——奥地利的玛丽亚·特蕾丝建造的。

8 大运河　大运河于1680年通水，旁边建有小威尼斯，即负责宫廷船队的水手们居住的地方。

玛丽·安托瓦内特（Marie-Antoinette）王后的凡尔赛宫

1770年，为稳固法国与奥地利之间的联盟，未来的路易十六迎娶玛丽·安托瓦内特大公。这场婚姻也是国王的心腹舒瓦瑟尔公爵（Le duc de Choiseul）的赌注；他希望年轻的玛丽王后能够成为自己决定性的盟友，以对抗路易十五情妇杜巴丽伯爵夫人（La comtesse Du Barry）。

1770 年 5 月 16 日，在外交阴谋和朝臣的紧张关系中，未来的路易十六和玛丽女大公在凡尔赛宫举行婚礼。为了纪念这场盛典，路易十五下令在城堡建筑群中建造一座新的歌剧院（下图）。但是这一天却以悲剧收场，因为烟花表演引起一系列事故，造成 130 人死亡。成为法国王后之后，玛丽·安托瓦内特表现得精力充沛且十分睿智，但事实证明她无法与诽谤抗衡。对装饰品与奢侈品的喜好也使她变得越来越轻率。凡尔赛宫内的宫廷斗争频发，玛丽王后却只能偶尔获胜。1781年，成为母亲后玛丽王后的心愿似乎有所改变，她下令在小特里亚侬宫附近建造一座小村庄，便于她全身心地从事农务。但这段经历持续的时间很短。法国人民对君主制的厌恶彻底摧毁了玛丽·安托瓦内特。1791年，她随法国王室出逃后在瓦雷纳被捕。1793 年，玛丽·安托瓦内特被判处死刑，送上断头台，这立即引发年轻的法兰西共和国与奥地利之间的战争。

直到黎明时分，太阳王才回到凡尔赛宫，照亮整座宫殿，朝臣们便像一群被光迷住的蝴蝶一般，再次重复疲惫不堪的工作与令人厌烦的奉承义务。

一项宏伟的工程

路易十四为建造凡尔赛宫耗费了巨额的财富。论人力，它能与古代帝国建造的伟大纪念建筑相媲美。直到路易十四去世，这座宫殿都在不断地重建、改造和完善。在54年的建造过程中（1661年—1715年），王室雇用多达3.6万人和6000头牲口（1685年达到的数字）。这相当于一亿天的工作量，即路易十四的每位臣民都为建造凡尔赛宫付出5天的生命。最终，凡尔赛宫外修建起巨大的围墙，包含长达40公里的城墙、24道大门以及用于休闲与狩猎的树林。围墙内的中心坐落着拥有364个房间、能同时容纳5000人的凡尔赛宫。

在这座富丽堂皇的宫殿内，每件家具与物品都是艺术品。然而，旨在突出太阳王地位的凡尔赛宫却成为朝臣们名副其实的金牢笼。他们被迫遵循常规礼仪，参加无休止的舞会、狩猎聚会与戏剧表演。甚至他们的外表也被重新塑造，以适应向国王致敬的礼仪。宫廷内的时尚迫使男性戴上卷曲并涂粉的假发，而女性则在发型上装饰高大的芳达姬（Fontanges）蝴蝶结，这种缎带结的灵感源自国王的情妇之一芳达姬公爵夫人俏丽的打扮。

但是当公共庆典结束后，或是秋天初霜降临时，巨大的凡尔赛宫就变成一座由大理石和水晶建成的冰冷城堡，其内部无法保持温暖。因此，朝臣们的日常工作变得难以忍受。据说食物会在盘子内冻住，朗布依埃侯爵夫人（La marquise de Rambouillet）身穿熊皮大衣，而宫廷御医则会叠戴八顶帽子。

历史学家皮埃尔·古伯特（Pierre Goubert）在《路易十四与五千万法国人》（*Louis XIV et vingt millions de Français*）一书中详细描述了17世纪凡尔赛宫日常生活的辉煌和不幸。他强调，尽管凡尔赛宫于1676年至1688年期间修建成自来水和饮用水网络，但王宫及其周边地区的卫生状况仍然很差。在建造凡尔赛宫及其公

镜厅　路易十四首席建筑师儒勒·哈杜安·孟沙尔的作品，它极佳地展现太阳王希望围绕周身的壮丽与奢华氛围。

园所花费的一亿里弗尔（Livre）[11]中，有四分之一用于修建喷泉及供水系统。尽管凡尔赛宫具有这些巧妙的基础设施，但是用水方式仍遵循当时的传统（与如今的习惯相去甚远）。当时，水主要用于供应喷泉和浇灌花园。患有便秘的路易十四通过每天饮用喷泉内的淡水进行治疗。至于个人卫生，路易十四偏爱"干浴"，即只换衣服而不进行水浴。除此之外，凡尔赛宫内仅有的两处公共厕所要供几千名居民使用。这些恶劣的卫生条件导致凡尔赛宫内流行病频繁发生，其中包括1734年造成宫内一半人口死亡的斑疹伤寒。

---

[11] 里弗尔（Livre）：法国古代的记账货币。——译者注

威尼斯

《斯拉夫人堤岸》（*La Riva degli Schiavoni*），莱昂德罗·巴萨诺（Leandro Bassano）创作的油画，现藏于圣费尔南多皇家艺术学院美术馆。

插图（右侧） 一枚17世纪的勋章，上面刻有弗朗切斯科·莫罗西尼公爵（Francesco Morosini）的肖像，现藏于威尼斯总督府。

沉睡的地中海世界

大西洋世界的活力使得地中海失去昔日的重要地位。西班牙遭受着巨大的经济与政治危机。过去的和平主义被费利佩四世（Philippe IV）的"鹰派"政策所取代。葡萄牙为瓦解哈布斯堡帝国的好战选择付出了代价。由于内部冲突以及受到西班牙与法国争端的损害，意大利仍然处于四分五裂的状态。

从费利佩四世执政之初，他就希望重新确立武装对抗的政策，以维护西班牙在欧洲的霸权地位，而这需要付出巨大的经济代价。1626 年前后，西班牙在四个不同的战区（弗兰德、莱茵兰、中欧和意大利）维持战争，这需要一支约 30 万人的现役特遣军队。此外，西班牙还必须承担资助奥地利皇帝打击新教的援款——10 年（1618 年—1628 年）间共计约 35 万杜卡托 [12]，用于支付蒂利和华伦斯坦元

---

[12] 杜卡托（ducat）：欧洲从中世纪后期至 20 世纪期间，作为流通货币使用的金币或银币。——译者注

帅的薪资；除此之外，还要抵抗奥斯曼帝国的侵扰，这种情况一直持续到 1683 年，其间维也纳也曾受到过威胁。

与此同时，一场经济危机正严重影响着西班牙君主制的中心——卡斯蒂利亚。从美洲运回的贵重金属变得时有时无。伊比利亚半岛上的各个王国对战争的贡献不尽相同。军费开支的增加不可避免地造成严重的政治局势紧张，尤其在费利佩四世宠臣奥利瓦雷斯伯公爵（Le comte-duc d'Olivares）奉行黩武政策并将西班牙卷入三十年战争之后。在这种情况下，奥利瓦雷斯实行改革政策，迫使所有王国征兵以及提供财政资源来支持西班牙的外交政策。

西班牙帝国的衰落

费利佩四世统治期间（1621 年—1665 年）对奥利瓦雷斯伯公爵多加重用。奥利瓦雷斯是费利佩四世的新顾问与宠臣，他极受国王信任，并设法排挤莱尔马家族的势力。奥利瓦雷斯辅佐国王做出所有重大的政治决策。这标志着贵族们重新回到西班牙宫廷的权力中心。在西班牙帝国面临困难与复杂局势时，奥利瓦雷斯的个人品质也使他成为娴熟的领导者。然而，奥利瓦雷斯的雄心与积极的改革计划最终导致他与各王国诸侯逐渐疏远。这种情况在 1640 年危机时期造成极其严重的后果。

奥利瓦雷斯伯公爵清楚地认识到，应该对影响全球的西班牙君主制中心——卡斯蒂利亚进行改革。他建立政务委员会（Juntas）系统，其中最为著名的是改革委员会；实施重商主义政策、统计西班牙人口并控制财政支出。1624 年，奥利瓦雷斯在一份题为"伟大的记忆"（Grand Mémoire）的文件中提出他极具雄心的改造计划。其中包含一套影响所有社会群体的措施——包括贵族和神职人员等特权阶层——但也包含一系列涉及西班牙境内领地（除卡斯蒂利亚之外）的提议。奥利瓦雷斯所提出的改造计划本质上为了在西班牙的各个领地加强君主权力，以便征收更多的税。1625 年，奥利瓦雷斯根据此前实行的措施再次提出"军队联盟"（Union des armes）计划：它旨在组建一支由 14 万人组成的军队，由不同领地根据其人口数量与经济实力为组建军队提供相应的资金。虽然西班牙内的部分领地对奥利瓦雷斯的要求表示服从，但是这一计划却使得加泰罗尼亚、葡萄牙与西班牙之间的分歧加深。此外，奥利瓦雷斯采取的紧急财政措施很快激起了反复不断的兵变和起义。暴动主要发生在加泰罗尼亚、葡萄牙和西属意大利地区，甚至也会在卡斯蒂利亚发生。

一切似乎都使西班牙不可阻挡地滑向深渊。1627 年，西班牙王室宣布破产，因此不得不与各债权人重新谈判债务问题。但是这并不妨碍费利佩四世于 1632 年开始在马德里修建布恩雷蒂罗宫。这座建筑的奢华和巨额开销与王室财政的极端不稳定状况，形成残酷的对比。1635 年，除所有这些问题之外，西班牙在比利牛斯山脉边界附近与法国爆发战争。西班牙军队与人民之间的摩擦也引起人民起义。1640 年 6 月，加泰罗尼亚地区爆发起义，也被称为收割者战争，在很大程度上激发了葡萄牙（1640 年）和意大利（1647 年）的独立运动，以及安达卢西亚 [1641 年，梅迪纳·西多尼亚公爵（Le duc Medina Sidonia）和阿亚蒙特侯爵（Le marquis d'Ayamonte）密谋叛乱] 与阿拉贡 [1648 年，伊哈尔公爵（Le duc de Hijar）领导的叛乱] 进行的独立尝试。

奥利瓦雷斯伯公爵的改革使得加泰罗尼亚地区的局势变得更加紧张。自费利佩四世统治以来，这种紧张氛围一直存在于国王与地方贵族之间。而与法国爆发的战争更加剧了双方的矛盾。在加泰罗尼亚、塞尔达涅和鲁西荣地区驻扎的大量军团与当地民众也频繁产生摩擦。1640 年 6 月，政治和社会对立最终导致巴塞罗那爆发民众起义。这次起义正值天主教"圣体节"（Corpus Christi），因此被称为"血体"（Corpus de sangre）事件。在随后的几个月内，在未经西班牙国王许可的情况下，加泰罗尼亚自治政府召开议会，宣布成立加泰罗尼亚共和国。面对卡斯蒂利亚的军事压力，加泰罗尼亚寻求法国的庇护，并于 1641 年 1 月承认路易十三对其拥有主权。这场冲突持续长达 12 年，直到 1652 年 10 月奥地利的朱安·何塞（Juan José d'Autriche）和莫尔塔拉侯爵（Le marquis de Mortara）重新夺回巴塞罗那。

无论如何，从 1640 年起，西班牙不得不同时面临内部瓦解和国外战争造成的消耗。1643 年 1 月，在这场政治和军事危机的顶峰时刻，奥利瓦雷斯失去费利佩四世的信任。但仅仅是国王意识到奥利瓦雷斯改革的失败并不能解决西班牙当时所

加泰罗尼亚收割者之战

1640 年 6 月 7 日，数百名在巴塞罗那等待工作的收割者揭竿而起，并杀害总督圣科洛马伯爵（Le comte de Santa Coloma）。"血体"事件爆发，随后迅速演变成对立战争。

实际上，在"血体"事件爆发之前，西班牙君主与加泰罗尼亚自治区政府（Generalitat）的关系已经十分紧张。5月22日，起义农民释放因阻挠王室军队驻扎而被监禁的众议员法兰西斯·德·塔马里特（Francesc de Tamarit）。"血体"事件后爆发的收割者战争不仅摧毁了加泰罗尼亚地区王室任命的政府机构，还推动该地区迅速与法国谈判结盟，以获得军队对抗奥利瓦雷斯伯公爵率领的军队。1641年1月26日，由洛斯贝莱斯侯爵（Le marquis de Los Vélez）指挥的首支平叛军队在蒙特惠奇战役中被加泰罗尼亚军队击败。随后法国的援助迅速抵达。作为交换，法国国王路易十三被授予巴塞罗那伯爵的称号。

插图（右侧） 《"血体"事件》，安东尼·艾斯特鲁奇（Antoni Estruch i Bros）于1647年创作的油画，现藏于萨瓦德尔艺术博物馆。

面临的挑战。随后费利佩四世的新宠臣路易斯·门德斯·德·哈罗（Luis Méndez de Haro）开始掌权。他承担起一项艰巨的任务：寻找解决加泰罗尼亚和葡萄牙战争以及国际冲突的办法。然而，路易斯最终并没有获得完全的胜利。1652 年，西班牙重新控制加泰罗尼亚地区，而葡萄牙则于 1668 年独立。1665 年，西班牙国王费利佩四世逝世。

尽管西班牙国王罢免奥利瓦雷斯并选择新的顾问——路易斯·门德斯·德·哈罗与修女玛丽亚·德·耶稣·德·阿格雷达（Maria de Jesus de

Agreda），但是他的统治成果仍旧十分凄惨。费利佩四世晚年统治下的西班牙，公共财政再次恶化，最终导致王室于 1662 年再次破产。然而同一时期，《威斯特伐利亚和约》（1648 年）的签署给欧洲的三十年战争画上句号；西班牙与法国于 1659 年签署的《比利牛斯条约》成功恢复两国的和平关系。

在费利佩四世统治下的西班牙，与政治和经济遭遇困难形成鲜明对比的是这一时期艺术与文学成就的极度辉煌。西班牙文化"黄金时代"的一部分就发生在费利佩四世统治的 44 年间。费利佩四世是一位对艺术充满热情的赞助人，这也使得他成为当时最伟大的绘画与雕塑收藏家。

卡洛斯二世与帝国的终结

卡洛斯二世（1665 年—1700 年）在其父亲费利佩四世去世时年仅 4 岁。因此，从 1665 年到 1675 年，国家大权由摄政王后奥地利的玛丽亚·安娜（Marie-Anne d'Autriche）把持，她遵循王室旧例，将西班牙所有事务委托给费利佩四世的宠臣，例如耶稣会士胡安·埃弗拉多·尼塔尔（Juan Everardo Nithard）和比利亚塞拉侯爵费尔南多·德·巴伦苏埃拉（Fernando de Valenzuela）。

卡洛斯二世执政之初，由于奥地利的唐·胡安·何塞将军（Don Juan José d'Autriche）的野心（费利佩四世唯一正式承认的私生子），西班牙内部因为王位继承问题而不断发生冲突。在战场上不断取得胜利的唐·胡安·何塞将军直到 1679 年去世时才停止密谋篡夺王位。1675 年，卡洛斯二世开始亲政。因为自小体弱多病并且时常做出怪异举动，卡洛斯二世被人们称为"中魔者"（Ensorcelé）。他还不得不面临因未生育后代而造成的王国内部的不稳定。西班牙的王位继承问题涉及欧洲各国的利益，因为可能的合法继承人来自萨伏依、法国与神圣罗马帝国。因此各种阴谋层出不穷，直到 1699 年，卡洛斯二世的亲信之一——红衣主教波托卡雷罗（Portocarrero）利用马德里的民众起义，强行将法国安茹公爵菲利普确立为西班牙的王位继承人。后者成为西班牙波旁王朝的第一位君主，于 1700 年 11 月以费利佩五世（Philippe Ⅴ）的名义登上王座。在随后的几年内，选择法国公爵继承王位的决定遭到质疑，并最终引发西班牙王位继承战争，几乎所有的欧洲国家都联合起来对抗路易十四统治下的法国，而路易十四则毫无疑问选择庇护西班牙的波旁王朝。

这种动荡与困难的政治局势证实了西班牙在欧洲霸权的终结。1667 年至 1668 年间，虽然西班牙是胜利一方，但是王位继承战争使卡洛斯二世（由于签署 1668 年《第一亚琛和约》）丧失弗兰德地区的十几座要塞。随后在加入 1674 年反法联盟后，西班牙由于与法国签署《奈梅亨条约》而被迫再次割让弗兰德地区的 16 座要塞以及阿尔多瓦与弗朗什-孔泰地区。1697 年,《里斯维克条约》的签订使西班牙再次向法国割让部分领土。显然,西班牙已经失去其在欧洲的决定性地位,沦落为新兴强国共同分享的战利品,正如 1698 年英法两国签署的瓜分密约所表明的那样。

卡洛斯二世决定选择路易十四之孙安茹公爵菲利普作为他的继承人。实际上,这是卡洛斯二世为维护从父亲费利佩四世处继承的领土完整性所做的最后努力。在国王选择制定经济改革政策的大臣时,这种维护领土完整的愿望也表现得十分明显。1680 年,梅迪纳塞利公爵(Le duc de Medinaceli)在西班牙推行货币贬值与财政改革政策。这些政策不仅改善了当时西班牙的社会状况,还提高了其经济水平,尤其是在伊比利亚半岛边境省份内部。

1685 年至 1691 年间,奥罗佩萨伯爵(Le comte d'Oropesa)沿用梅迪纳塞利公爵的改革政策,并在之前措施的基础上对官阶与税收制度进行调整。然而,他所实行的内部改革为时已晚,无法挽救在 17 世纪一直处于战争中的西班牙的国际命运——卡洛斯二世统治时期的西班牙仅是在防守中幸存。在失去奥利瓦雷斯伯公爵时代的威望之后,西班牙哈布斯堡王朝的最后一位君主只能听天由命。

葡萄牙:大西洋的选择

在 17 世纪的很长一段时间内,葡萄牙一直受制于西班牙。从 1580 年起,西班牙国王同时兼任葡萄牙国王。在两个王国联合的最初几十年里,西班牙君主尊重卢西塔尼亚臣民的法律和行政管理体系。然而,由于葡萄牙隶属西班牙,它在美洲与亚洲的殖民地遭到联省共和国的攻击。在费利佩四世统治时期,奥利瓦雷斯伯公爵试图在葡萄牙实行有利于西班牙王室的中央集权政策,这与他在西班牙其他领地内推行的政策类似。1640 年 12 月 1 日,西班牙的中央集权政策在里斯本激起一场反对西班牙的起义。当天,在神职人员和大多数贵族的支持下,由阿方索一世(Alphonse Ier)于 1442 年建立的葡萄牙王室的后代布拉甘萨公爵(Le duc de Bragance)以约翰四世(Jean IV)的名义,宣布成为葡萄牙国王。1640 年至 1656 年在位的约翰四世迅速与西班牙的敌人结盟——首先与法国和联省共和国结盟,随

委拉斯凯兹——世界油画大师

与同时代的画家不同，委拉斯凯兹（Diego Rodriguez de Silva y Velázquez）能让时光停止流逝，并捕捉到神奇的瞬间。这也是他能成为西班牙黄金时代伟大艺术家的原因。拥有葡萄牙血统（父亲是葡萄牙人）的委拉斯凯兹自小生活在塞维利亚（当时是西班牙最为繁荣的城市），并在画家和绘画理论家弗朗西斯科·巴切柯（Francisco Pacheco）的指导下接受绘画教育。18岁时，他开启独立的艺术生涯，其作品深受意大利画家卡拉瓦乔（Le Caravage）的黑暗风格影响。1623年，委拉斯凯兹因为画作颇有名气而受邀来到马德里，这一决定将影响他今后的生活与工作。西班牙国王费利佩四世极其爱好绘画，于是他任命委拉斯凯兹为宫廷画家，随后又授予副官与宫廷总管的头衔。

插图（右侧） 《骑在马背上的奥利瓦雷斯伯公爵》，现藏于马德里普拉多博物馆。

《委拉斯凯兹自画像》 委拉斯凯兹是费利佩四世宫廷的伟大肖像画家。对于所画的人物，无论高贵与否，委拉斯凯兹都怀着相同的尊重和严谨进行创作。这幅自画像现藏于巴伦西亚美术馆。

《煎鸡蛋的老妇人》　　委拉斯凯兹很早就表现出对自然主义的兴趣，比如，这幅创作于1618年的油画，现藏于英国爱丁堡苏格兰国家美术馆。

《镜前的维纳斯》　　这幅画是委拉斯凯兹绘制的唯一一幅裸体画作。创作时间可以追溯到1649年至1651年间，即委拉斯凯兹第二次前往意大利游历期间。这幅画现藏于英国国家美术馆。

《酒神巴库斯的胜利》　　这幅绘于1629年的画作展现出了聚集在餐桌旁的农民形象。委拉斯凯兹在创作中融入了神话与自然主义。这幅画作现藏于马德里普拉多博物馆。

费利佩四世——西班牙黄金时代的文艺赞助人

与祖父费利佩二世一样，费利佩四世极其热爱艺术，以致他疏于朝政，而将国家事务委托给宠臣奥利瓦雷斯伯公爵。

尽管西班牙内部存在着地方危机与财政破产的窘境，但是费利佩四世仍尽可能地收购艺术品来丰富自己的收藏。为此，他在欧洲建立联系人网络，他们会向国王提供艺术品的出售信息。除此之外，他还花钱委托鲁本斯等天才艺术家进行创作，甚至直接雇用委拉斯凯兹等艺术家，后者自1623年始便为国王服务。但费利佩四世并不满足于仅仅成为一名收藏家。他自己似乎也具备一些艺术素质。根据洛佩·德·维加（Lope de Vega）的说法："国王在年幼时就练习绘画艺术。"费利佩四世在作曲与演奏乐器方面都十分得心应手。在戏剧方面，他展示了对新艺术体验的开放态度：现存的西班牙首部歌剧《妒火中烧》[Celos aun del aire matan，由佩德罗·卡尔德隆·德拉巴尔卡（Calderón de la Barca）创作，胡安·伊达尔戈（Juan Hidalgo）作曲]于1660年在新布恩·雷蒂罗宫首演。

插图 《穿着盔甲的费利佩四世》，委拉斯凯兹绘制，现藏于马德里普拉多美术馆。

后又与英国结盟。西班牙和葡萄牙之间的战争持续长达 25 年。

葡萄牙在战场上的几次胜利为约翰四世的儿子阿方索六世（Alphonse Ⅵ，1656 年—1683 年）赢得"胜利者"的称号。1665 年 6 月 17 日，在比利亚维西奥萨战败后，西班牙正式承认葡萄牙独立，但保留对休达市的所有权。

自 1668 年起，约翰四世的次子彼得二世（Pierre Ⅱ，1683 年—1706 年）在其兄阿方索六世患病期间担任摄政王，在国王去世后继承王位。他极力奉行专制主义政策并在经济上采取保护主义措施。在 1697 年解散葡萄牙议会后，彼得二世在选择法国还是英国作为盟友之间犹豫数年，最终选择与英国结盟。1703 年 12 月 27 日，葡萄牙与英国签署一项对未来具有重大意义的贸易协议。该协议规定葡萄牙与巴西将向英国商品开放市场，而英国则保证进口大量葡萄牙产的葡萄酒。此后，葡萄牙与英国之间建立极其稳固的经济关系，这为后来西班牙王位继承战争期间两国的政治联盟打下良好的基础。

意大利棋盘

17 世纪的意大利尚未出现独立完整的政权。亚平宁半岛被分割成无数个小国，其中一些国家隶属西班牙（如米兰、那不勒斯、西西里和撒丁岛）。教皇国控制着意大利中部。热那亚和威尼斯（尽管面积很小）仍然是主要的贸易国。在阿尔卑斯山地区，萨伏依与皮埃蒙特独立公国自古与法国边界接壤。此外，还有一系列的地方政权与上述国家一起构成支离破碎的意大利半岛：其中包括由美第奇家族统治的托斯卡纳大公国、法尔内塞家族统治的帕尔马、达斯特家族统治的摩德纳以及冈萨加家族统治的曼图亚。

然而，这种支离破碎的局面并不能掩盖当时意大利在欧洲各国关系中的重要性。在欧洲的君主制国家，意大利的美第奇家族成为各国王后的主要来源，例如，法国玛丽·德·美第奇王后。这些小国之间不断交战与联盟。而在多次战争期间，他们都求助于欧洲大国的协助，这最终导致意大利的冲突在欧洲范围内造成重大影响。

瓦尔泰利纳事件展现出半岛内部的紧张局势。这块位于伦巴第的天主教飞地曾

《哈布斯堡王朝统治下的马德里》

这幅佚名油画展示了西班牙哈布斯堡王朝的最后一位国王卡洛斯二世统治期间，在马德里马约尔广场上举行的斗牛比赛。这场比赛属于卡洛斯二世与玛丽·路易丝·德·奥尔良（Marie-Louise d'Orléans）1679 年结婚庆典的一部分。画面中的背景为"面包店之家"[13]（La Casa de la Panaderia，1672 年被大火烧毁后重建）内的王室包厢。该画作现藏于西班牙历史博物馆。

参与三十年战争期间蹂躏欧洲大陆的血腥宗教战争。对此，伏尔泰回忆道："排除宗教异己最为悲惨的例子之一，便是天主教徒于 1620 年 9 月在阿尔卑斯山的瓦尔泰利纳山谷杀害 600 名新教徒。"西班牙庇护瓦尔泰利，以对抗瑞士格里松新教联盟。瓦尔泰利纳山谷的重要战略地位使得法国于 1625 年入侵该地区。然而，1626 年签署的《马德里条约》（Le traité de Madrid）与《蒙松条约》（Le traitéde Monzon）则授予西班牙军队自由通行权。

其他意大利国家也受到欧洲强国的干预。文森特·冈萨加（Vincent Gonzague）去世后，曼图亚

---

[13]"面包店之家"：位于马约尔广场北侧中央且表面有彩色喷绘的大楼。"面包店之家"由西班牙国王费利佩三世下令建造，当时最下层是卖面包的商铺，上层则是王室所属的包厢。——译者注

（Mantoue）与蒙费拉（Monferrato）公国爆发继承战争。西班牙国王费利佩四世支持其盟友瓜斯塔拉公爵（Le duc de Guastalla）获得曼图亚公国，支持萨伏依公爵获得蒙费拉。另外，法国则支持纳韦尔公爵，该公爵声称拥有冈萨加家族血统，要求继承两处公国。双方于 1628 年至 1629 年间爆发战争，最初西班牙军队占据优势，但法国军队于 1630 年 6 月在阿维利亚纳取得胜利并扭转战争局势。西班牙的失败使得罗马教皇乌尔班八世自立为冲突的仲裁者，双方于 1631 年签署《切拉斯科和约》（La paix de Cherasco）。在法国首相马萨林主教的影响下，该条约对《马德里条约》与《蒙松条约》的内容进行有利于法国的修改。纳韦尔公爵成功夺取蒙费拉公国的继承权，而法国则占领皮内罗洛山口，那里将成为法国对意大利施加影响的重要据点。

17 世纪，法国希望巩固它在欧洲的影响力，这也使得意大利的紧张局势升级。自 1559 年缔结《卡托–康布雷奇和约》（La paix du Cateau Cambrésis）以来，意大利的统治权一直掌握在西班牙手中，但在接下来的一个世纪里，法国的政治野心急剧膨胀，从意大利最重要的国家（萨伏依、威尼斯、教皇国和西班牙的各个属地）所遭受的变故便可见一斑。

萨伏依和皮埃蒙特

萨伏依与皮埃蒙特控制下的战略要塞（位于阿尔卑斯山口）是法国军队进入意大利的必经之处。因而这两个公国被卷入法国与西班牙的冲突之中。萨伏依与皮埃蒙特公爵利用婚姻这一解决冲突的政治手段，试图联合两个敌对的王室。但在 17 世纪初，萨伏依公国就明确表示更希望与西班牙王室联姻。

传奇的卡洛·埃马努埃莱一世公爵（Charles Emmanuel Ier，1580 年—1630 年）因身经百战而被称为"热头"（Tête de feu，形容卡洛·埃马努埃莱一世好战且战争经验丰富），他也是西班牙国王费利佩二世的女婿。费利佩三世统治时期，他甚至将儿子送到西班牙宫廷，试图巩固与西班牙哈布斯堡王朝之间的家族关系。然而，在与法国的冲突中，他统治的萨伏依公国则被迫为此承担后果：1601 年签署的

费利佩五世——西班牙波旁王朝的第一位君主

　　当路易十四同费利佩四世之女奥地利的玛丽亚·特蕾丝结婚时，《比利牛斯条约》明确规定他们将放弃西班牙王位的继承权。然而，他们的孙子菲利普最终于**1700 年卡洛斯去世后坐上西班牙国王的宝座。**

　　西班牙哈布斯堡王朝最后一位国王的逝世引发一场王位继承战争。这场战争直到1713年才结束，法国路易太子与巴伐利亚的玛丽·安妮（Marie-Anne de Bavière）的次子、路易十四与奥地利的玛丽亚·特蕾丝之孙——法国安茹公爵菲利普被承认为西班牙国王（即费利佩五世）。他即位后，立刻颁布《新基本法令》（Nueva Planta），实行雄心勃勃的国家改革，以促进统一与中央集权。《新基本法令》废除专属法律与特权、取消阿拉贡的国家权力，并将上层贵族从官僚体系中剔除，以实现高效行政。这一切都再现了路易十四的法国模式。费利佩五世是西班牙君主中统治时间最长的一位。

　　插图　《费利佩五世肖像画》，由米格尔·哈辛托·梅伦德斯（Miguel Jacinto Meléndez）创作，现藏于科尔多瓦维也纳宫。

《里昂条约》（*Le traité de Lyon*）让卡洛·埃马努埃莱一世获得萨卢佐侯国领地，但却不得不将布莱斯、布格、瓦罗梅和莱克斯等飞地割让给法国。

他的继任者维托里奥·阿梅迪奥一世（Victor Amédée Ier，1630年—1637年）采取更为谨慎的政策，但他的统治十分短暂并以内战告终。在下一任萨伏依公爵卡洛·埃马努埃莱二世（1638年—1675年）未成年期间，他的母亲法兰西的克里斯蒂娜（Christine de France）成为摄政王，但她难以控制国内局势。《切拉斯科和约》的签署使萨伏依受到法国的威胁。此外，亲西班牙派与亲法派之间的斗争，使萨伏依公爵国的朝廷陷入困境。虽然卡洛·埃马努埃莱二世于1648

复辟战争

1640年，布拉干萨王朝取代西班牙哈布斯堡王朝统治葡萄牙，约翰四世宣布成为葡萄牙国王。这使得伊比利亚联盟迅速破裂，并引发两国之间的复辟战争。上图：展现1640年至1668年敌对时期各种场景的瓷砖板，位于里斯本弗龙泰拉侯爵宫。

年成年，但他的母亲继续摄政，直至 1663 年去世。与当时的其他家族一样，萨伏依公爵试图通过打击宗教分裂来巩固其统治权力。1655 年，萨伏依境内爆发"皮埃蒙特复活节"事件，这是一场对皮埃蒙特伏多瓦教信徒的血腥屠杀。鉴于军队的残酷暴行，这一事件在整个欧洲成为影响巨大的丑闻。

下一任萨伏依公爵维托里奥·阿梅迪奥二世（Victor Amédée II，1675 年—1730 年）的统治初期也由其母亲摄政。尽管路易十四的军队于 1681 年占领重要的卡萨莱飞地，摄政萨伏依公爵夫人玛丽·让娜·巴蒂斯特（Marie Jeanne Baptiste）直到 1684 年仍在公国推行亲法政策。1685 年，法国君主

路易十四的直接影响造成萨伏依对新教徒的进一步迫害。

摄政玛丽·让娜去世后，维托里奥·阿梅迪奥二世选择实行不同的政策并试图摆脱法国的控制。自 1689 年起，萨伏依加入奥格斯堡同盟。但维托里奥·阿梅迪奥二世却在 1696 年改变立场，再次与法国结盟。新同盟规定法国将萨伏依和皮内罗洛飞地归还给萨伏依公国；但最重要的是，这一同盟对路易十四相当有利，因为它迫使奥格斯堡同盟撤出意大利各国，并要求整个半岛在冲突期间保持普遍中立。由于维托里奥·阿梅迪奥二世的野心，他与法国结盟的政策在此后继续发生变化。1701 年，他在

萨伏依家族的权力

萨伏依公爵维托里奥·阿梅迪奥二世的务实政策、西班牙的软弱和法国与神圣罗马帝国之间的竞争，使得萨伏依公国能够获得独立与更多的领土。

插图 位于都灵附近尼凯利诺镇的斯杜皮尼吉狩猎行宫（1729 年—1731 年），由建筑师菲利波·尤瓦拉（Filippo Juvara）为萨伏依公爵设计。1735 年受费利佩五世邀请前往西班牙，尤瓦拉参与建造拉格朗哈宫、马德里新皇宫以及阿兰胡埃斯皇宫。

弗朗切斯科·莫罗西尼（Francesco Morosini）统治下的威尼斯与奥斯曼帝国的扩张

17世纪下半叶，威尼斯共和国衰落。由于大西洋海运的发展，地中海已经失去其经济和商业的重要地位。正是在这种背景下，莫罗西尼决定对抗逐渐侵占威尼斯所有地中海殖民地的奥斯曼帝国，以恢复"尊贵的共和国"昔日的辉煌。

弗朗切斯科·莫罗西尼出生于1619年，被任命为威尼斯在克里特岛最后属地干地亚（现赫拉克利翁）的部队指挥官时年仅20岁。他极其善于组织城市防御以及激励士兵，以致土耳其军队在1669年与莫罗西尼进行和平谈判后才得以进入干地亚。这场围攻持续长达23年。经过长期的隐退之后，莫罗西尼于1683年重返政治舞台，参与威尼斯与奥地利对抗奥斯曼帝国的战争。他在希腊领导的海上战役取得胜利，并攻下莱夫卡达岛（1684年）、科罗尼（1685年）、阿尔戈斯和纳夫普利奥市（1686年）、整个伯罗奔尼撒半岛以及雅典和科林斯（1687年），这些战功使他获得威尼斯参议院授予的"伯罗奔尼撒征服者"（Peloponnesiaco）的称号。1688年，莫罗西尼担任威尼斯共和国总督，他一直任职到1694年去世。

插图 左图：莫罗西尼"征用"的比雷埃夫斯狮子之一，目前位于威尼斯军械库入口处；右图：干地亚战争中的某个场景，现藏于威尼斯科雷尔博物馆。

西班牙王位继承战争中选择支持波旁王朝，但又在1703年改变立场。支持奥地利的最终选择使萨伏依公国于1713年成为王国，而新加冕的国王维托里奥·阿梅迪奥二世更获得西班牙曾经的属地——西西里岛。

威尼斯——强国之梦

威尼斯是活跃的金融中心、重要的港口以及意大利半岛上最美丽和最受欢迎的城市。然而，来自大西洋海洋强国的竞争、商船队的减少以及海盗行为造成的损害，使这个骄傲的共和国逐渐

陷入沉寂。威尼斯还被迫面临奥斯曼帝国的持续威胁，这场斗争最终将耗尽这座意大利大都市的资源。

　　威尼斯共和国由商人出身的精英统治，他们来自《金书》[14]（Livre d'or）记录的各个家族并承担威尼斯主要的行政与事务。而统治阶层的不同血统所造成的内部冲突最终让威尼斯走向衰落。

　　17 世纪，在与土耳其作战之前，威尼斯不得不面对乌斯柯

---

[14]《金书》：由威尼斯人民于 1315 年编写，共收录 200 个家族。所记录家族的成员能够享受特权。16 世纪时，威尼斯总督府内修建一条金梯，只有那些家族名被写入《金书》的威尼斯人才有资格沿着这条金梯进入总督府内。——译者注

基海盗的威胁，他们是以达尔马提亚海岸为基地并受到奥地利保护的基督教海盗。1615 年至 1617 年间，威尼斯对这些海盗的打击引发其与哈布斯堡王朝的对抗。实际上，威尼斯和意大利北部的西班牙领土之间一直存在紧张的冷战氛围，因为共和国一贯推行旨在反对西班牙在该地区巩固权力的政策。为了实现这一目标，"尊贵的共和国"采取十分巧妙的策略。它首先寻求萨伏依、法国与荷兰的外交支持。此外，威尼斯官员于 1618 年编造所谓的"西班牙密谋颠覆威尼斯共和国"事件（La Conjuration des Espagnols contre Venise）。他们散布谣言，宣称西班牙驻威尼斯大使、那不勒斯总督与米兰总督精心策划了一场阴谋。据称，该阴谋的目的是炸毁威尼斯港口的军械库并夺取战略要地，以宣示西班牙对威尼斯享有主权。这一策略十分有效，甚至引起西班牙对这些官员的怀疑（未经国王同意私自做主）。最终，所有这些被指控的阴谋家都遭到解职，而威尼斯则从三个最主要敌人之手逃脱出来……

1645 年至 1669 年间，威尼斯与奥斯曼帝国进行漫长且艰难的干地亚（位于克里特岛）战争，这场战争长达 25 年。起初，至少在 1658 年之前，海军将领乔瓦尼·巴蒂斯塔·格里马尼（Giovanni Battista Grimani）和莫切尼戈（Mocenigo）三兄弟成功率领铁骑直入奥斯曼帝国都城。达达尼尔海峡战役的胜利使得共和国的船只行驶到伊斯坦布尔的大门口。但辉煌的海战之后，随之而来的是一场围攻克里特岛干地亚城的消耗战。尽管涌现了一些英勇事迹，且偶尔得到法国军队的帮助，但这场长期的围攻战以 1669 年 9 月该城向土耳其军队投降而告终。这时，奥斯曼帝国在地中海的扩张范围达到最大，而威尼斯则被迫放弃一块已经统治 4 个半世纪的飞地。

但是这并没有阻止威尼斯继续与奥斯曼帝国对抗。1684 年，威尼斯与奥地利和波兰结盟。当盟友们以神圣联盟的名义并将军队置于教皇的权威之下时，随后的军事行动甚至具有真正十字军东征的性质。在弗朗切斯科·莫罗西尼的指挥下，威尼斯在希腊取得显著的成功。在雅典的战斗中，被威尼斯士兵轰炸和洗劫后的帕特农神庙遭受无法弥补的损坏。1687 年，威尼斯成功征服希腊莫里亚地区；随后在 1699 年签署的《卡洛维茨条约》（Le traité de Karlowitz）中，奥斯曼帝国将莫里亚割让给威尼斯。但是军事实力的恢复，并不意味着威尼斯重新获得中世纪享有"尊贵的共和国"盛誉的经济地位。

降福于罗马城及世界（Urbi et orbi）[15]：教皇国

除了在反宗教改革的天主教世界行使精神权威外，教皇还继续作为教皇国的统治者参与意大利的政治斗争。因此，当埃斯特（Este）家族消亡以及阿方索二世去世后，教皇希波吕斯·阿尔多布兰迪尼（Hippolyte Aldobrandini）即克雷芒八世（Clément Ⅷ，1592年—1605年）将翡乐公国并入教皇国，这使其与威尼斯共和国接壤，并引发一场在1606年和1607年的冲突中达到高潮的危机。克雷芒八世决心恢复教皇的政治权力，并将自立为主要天主教国家统治者之间的调解人。1598年，他成功劝说法国和西班牙共同签署《韦尔万条约》（La paix de Vervins）。但是克雷芒八世在统治期间任人唯亲，这在他任命梵蒂冈管理人员时表现得最为严重。他的父母辛齐奥（Cinzio）和彼得罗·阿尔多布兰迪尼（Pietro Aldobrandini）承担梵蒂冈遗产管理职责，却进行可耻的贪污。

在佛罗伦萨美第奇家族成员利奥十一世（Léon ⅩⅠ，1605年3月—4月）短暂的教皇任期结束后，罗马教廷内部支持法国[由阿尔多布兰迪尼（Aldobrandini）家族领导]与支持西班牙[由蒙塔尔托地区（Montalto）主教领导]的红衣主教派系之间因为教皇继任者问题争斗不断，最后以阿尔多布兰迪尼家族候选人卡洛·博尔盖索（Camille Borghèse）的胜利而告终。然而作为教皇，保罗五世（Paul Ⅴ，即卡洛·博尔盖索，1605年—1621年）试图与各欧洲大国保持同等距离。在担任教皇之初，保罗五世与威尼斯统治者不断发生争执，因为威尼斯共和国不仅限制新教堂的建设，而且在不考虑教会特权的前提下对两名牧师进行民事审判。1606年4月，教皇颁布一项针对威尼斯共和国的禁令，将其主教逐出教会。随后，法国介入调解才让双方友好地解决此次争议。然而，在禁令期间，威尼斯神职人员明显表现出不服从教皇命令，他们指责教皇只是在严格维护自己的政治利益。威尼斯神职人员指责教皇的言论通过流行的小册子与法律条约而广泛传播，这表明过去作为教会

---

[15] 降福于罗马城及世界（Urbi et orbi）：罗马教皇在举行普世降福仪式时所说的祝福语。——译者注

科学与宗教：乌尔班八世与伽利略，一段友谊的终结

尽管伽利略直言不讳地为哥白尼的日心说进行辩护，而这一理论在天主教会中引起极大的争议和恐惧，但伽利略依然得到某些罗马教廷高官的支持，其中包括热爱科学与艺术的佛罗伦萨红衣主教马菲里奥·巴尔贝里尼（**Maffeo Barberini**），他于1623年以乌尔班八世的名号成为教皇。

早在1611年，马菲里奥主教就对伽利略的工作产生兴趣。他邀请伽利略前往罗马向全国山猫学院（8年前成立的科研机构）展示他的发现。马菲里奥和伽利略十分投缘，彼此钦佩。马菲里奥不仅对伽利略说："我们愿意永远为您服务"，而且还于1620年创作诗歌《有害的奉承》（*Adulatio perniciosa*）向伽利略致敬。3年后，马菲里奥主教当选为教皇，这似乎预示着罗马教廷对日心说的反对即将结束。一切都进行得十分顺利，直到乌尔班八世允许伽利略于1632年出版《关于两个世界体系的对话》（*Dialogues sur les deux systèmes supérieurs du monde*）。伽利略的敌人向乌尔班八世进谗言，指责伽利略在书中将教皇丑化为野兽辛普利修斯并对其进行嘲讽，乌尔班八世无法宽恕这种行为。伽利略此后不再受到教皇的庇护，并于1633年被宗教裁判所判处死刑。

插图 伽利略肖像画，由奥塔维奥·马里奥·莱奥尼（Ottavio Mario Leoni）创作，现藏于佛罗伦萨马切利亚纳（Marucelliana）图书馆。

罗马的权力（第163页）

贝尼尼（Le Bernin）于1656年至1657年间设计的圣彼得广场，以宏伟的圣彼得大教堂为中心，是天主教会与教皇国权力的最佳象征。该广场也是巴洛克式城市规划壮丽景色的典范：椭圆形广场两侧的柱廊通向罗马协和大道（Via della Conciliazione）与博尔戈（Borgo）区。

武器的精神惩罚威胁已不再有效。其他类似性质的事件表明17世纪教皇的首要利益是维护依附于罗马的领地，而不是天主教世界的命运，后者的军事防御仍然掌握在西班牙与奥地利哈布斯堡王朝手中。

亚历山大·卢多维西（Alexandre Ludovisi）以格里高利十五世（Grégoire XV，1621年—1623年）之名接替保罗五世成为教皇。他试图与神圣罗马帝国皇帝斐迪南二世达成和解，以便将天主教国家的政治权力与罗马的精神特权结合起来。为了实现这一目标，他在三十年战争期间为维持神圣罗马帝国军队提供了大量财政支持。

教皇国的领土扩张在乌尔班八世（Urbain Ⅷ，1623 年—1644 年）任内继续进行，乌尔班八世于 1631 年吞并乌尔比诺公国。1641 年，乌尔班八世以不偿还教皇债务为借口，起兵攻打由帕尔马公爵爱德华·法尔内塞（Édouard Farnèse）管辖的卡斯特罗公国。然而，这一举动引起几位诸侯的强烈反对，他们纷纷前往卡斯特罗援助帕尔马公爵军队。这场战争持续长达 3 年。当 1644 年罗马教廷将卡斯特罗公国归还给帕尔马公爵时，这场冲突已经破坏部分教皇国领地，例如翁布里亚、罗马涅以及翡乐地区。乌尔班八世也积极参与三十年战争。与前任教皇不同，乌尔班八世选择支持法国并与神圣罗马帝国阵营进行激烈的斗争。尽管如此，这并没有减缓法国国王对神职人员实行专制主义的进程，而乌尔班八世的政治错误则对他的教皇威望造成损害。除此之外，乌尔班八世重用亲属的政策也在一定程度上掩盖了他作为人道主义者和赞助人的善行。

1644 年，红衣主教乔瓦尼·巴提斯塔·庞菲利（Giovanni Battista Pamphili）以英诺森十世（Innocent Ⅹ，1644 年—1655 年）的名义成为教皇。他敌视法国，支持哈布斯堡家族，造成罗马教廷和法国外交官之间的严重冲突。英诺森十世拒绝承认葡萄牙与加泰罗尼亚的独立，并推迟在那些与西班牙国王费利佩四世有公开冲突的领土上任命主教。法国与西班牙神职人员之间的紧张关系有时甚至达到极端的程度，例如，1646 年 7 月，西班牙使臣卡斯蒂利亚海军司令的随从与法国在罗马教廷的利益维护者——理查德·德·埃斯特（Le cardinal Richard d'Este）红衣主教就曾发生争执。然而 1653 年，英诺森十世颁布诏书谴责詹森主义运动的五项主张。这不仅标志着詹森主义争论的开始，似乎也意味着英诺森十世与路易十四之间的和解。

法比奥·基吉（Fabio Chigi）即教皇亚历山大七世（Alexandre Ⅶ，1655 年—1667 年）尤其不满法国马萨林主教提出的法国天主教自主计划（限制了教皇权）。而且法国使臣的无礼行为持续不断。至于天主教会的内部管理，亚历山大七世任命了一批新的红衣主教，意在消除教皇选举会的外部压力。他确定天主教会对詹森主义的教义立场，并因成为贝尼尼的赞助人以及欢迎皈依天主教的瑞典女王克里斯蒂娜而被后人传颂。

英诺森十世——对抗权势滔天的路易十四的教皇

自查理五世皇帝通过洗劫罗马城来惩罚同情法国民众的教皇克雷芒七世以来，教皇们已经意识到与欧洲强国统治者对抗将付出惨痛的代价。然而有些教皇，如英诺森十世，却毫不畏惧地进行对抗。

教皇的皇位离不开大国之间的斗争。此外，大国在每次会议上都努力确保当选的教皇对自己的利益有利。法国在马菲里奥·巴尔贝里尼以乌尔班八世的名义当选教皇时取得成功，而由红衣主教吉尔·德·阿尔博诺斯（Gil de Albornoz）代表的西班牙则是在1644年乔瓦尼·巴提斯塔·庞菲利作为英诺森十世接受教皇皇冠时成功做到这一点。虽然年事已高，但英诺森十世在余下的11年中积极参与欧洲政治，并始终站在西班牙和哈布斯堡王朝一边。因此，与法国的争执是不可避免的，特别是在他开始迫害红衣主教弗朗切斯科（Francesco）和安东尼奥·巴尔贝里尼（Antonio Barberini）（前任教皇乌尔班八世的家族成员，公开亲法）之后。英诺森十世指控弗朗切斯科与安东尼奥·巴尔贝里尼侵占教会财产。两人逃往法国避难，但教皇要求他们返回罗马。在马萨林红衣主教威胁要入侵教皇国领土之后，英诺森十世才被迫让步。

插图　《英诺森十世肖像画》，委拉斯凯兹约于1650年创作，现藏于罗马多利亚·潘菲利美术馆。

教皇克雷芒九世（Clément IX）罗斯·波里奥西（Giulio Rospigliosi）的任期十分短暂。他的当选归功于法国的影响，但由于统治时间过短，克雷芒九世无法成功调解耶稣会士与詹森教派之间的冲突。

与他的前任相比，原名为贝代托·奥特斯卡尔奇（Benedetto Odescalchi）的英诺森十一世（Innocent XI，1676 年—1689 年）是近代最为重要的教皇。他在教皇国内推行改革政策，重组财政管理，并对教皇宫廷的侍从进行道德教育。英诺森十一世积极促成神圣联盟的建立，并组织领导军队对抗奥斯曼帝国。他更因坚决反对路易十四的专制主义而闻名。为了回应 1682 年法国神职人员公布的宣言 [该宣言确立了"高卢教会的自由"（Les libertés de l'Église gallicane）]，英诺森十一世拒绝任命任何参与本次宣言的主教。

在年迈的教皇亚历山大八世 [Alexandre VIII，原名皮埃特罗·维托·奥托博尼（Pietro Vito Ottoboni），1689 年—1691 年] 任期之后，该世纪另一位具有非凡个性的教皇安东尼奥·皮尼亚泰利（Antonio Pignatelli），即英诺森十二世（Innocent XII，1691 年—1700 年）坐上教皇宝座。英诺森十二世在罗马教廷的改革史中占据十分重要的地位。他不仅控制教皇的家族成员难以获得政治职位或经济利益，更于 1692 年颁布《宗座诏书》（*Romanum decet Pontificem*），彻底结束罗马教会近代以来盛行的重用亲属现象。在国际上，英诺森十二世成功地拉近与法国国王的关系，令路易十四于 1693 年废除 1682 年颁布的王权至上条款。

天主教会因此承认当时的欧洲强国——法国宗教的合法性。在下一任教皇克雷芒十世（Clément X，1700 年—1721 年）任期内，恰逢西班牙王位继承战争，罗马教廷与法国并未爆发冲突。

17 世纪的教皇们在主张自己权力和无力摆脱家族束缚之间摇摆不定。欧洲强国不再满足于寻求罗马的支持。形势发生新的变化（与法国的情况一样），这些国家选择限制教会的权力。18 世纪的欧洲涌现了大量的国家教会，法国君权至上主义则是支持国家教会发展的先例之一。

西属意大利的危机

　　在整个 17 世纪，西班牙在意大利半岛的势力主要集中在米兰、那不勒斯与西西里岛。这三个地区由一位总督管理。自 14 世纪起，在阿拉贡王国极其严格的封建制度统治下的撒丁岛拥有一位独立的总督。米兰是意大利北部一处地理位置十分重要的飞地，尽管拥有丰富的自然资源，但仍在经历严重的经济衰退。而在意大利南部，西班牙势力的存在不可避免地导致

艺术家与赞助人

　　巴洛克时期的罗马是一座不朽的城市，到处点缀着建筑与雕塑的杰作，例如，纳沃纳广场、圣阿涅斯教堂 [由波洛米尼（Borromini）和吉罗拉莫·拉伊纳尔迪（Girolamo Rainaldi）设计] 以及贝尼尼建造的喷水池。下令装饰罗马城的英诺森十世教皇旨在赞美庞菲利家族的伟大（巴尔贝里尼和法尔内塞家族的竞争对手）。除此之外，他还委托建筑师拉伊纳尔迪为他的家族修建宫殿。

　　插图　《罗马纳沃纳广场》，由加斯帕·阿德里安斯·凡·维特尔（Caspar Adriaensz Van Wittel）创作的油画，现藏于马德里提森·波涅米萨博物馆。

167

那不勒斯与反西班牙起义

葡萄牙和加泰罗尼亚的叛乱并不是西班牙在 17 世纪 40 年代遭受的唯一内部冲突。1647 年，还发生过几乎使那不勒斯成为独立共和国的危机。

尽管马萨尼洛叛乱最初只是那不勒斯贫困民众势单力薄的一次反抗，但却迅速演变成那不勒斯社会对西班牙君主制普遍不满情绪的爆发。1647年，西班牙总督被驱逐，同年那不勒斯宣布成立共和国，（遵循威尼斯旧例）由那不勒斯国王勒内·勒邦（René le Bon）的后代——法国人亨利二世·德·吉斯（Henri II de Guise）出任总督。然而，这次共和国冒险历时极其短暂。总督很快就失去新臣民的支持，由奥地利的胡安·何塞指挥的西班牙军队于1648年4月再次入侵那不勒斯，对持续一年的战斗与阴谋感到厌倦的民众并没有进行大规模的抵抗。

插图（右侧）《马萨尼洛叛乱》，由米开朗琪罗·塞尔佩齐（Michelangelo Cerquozzi）绘制，现藏于罗马斯帕达宫。

严重的社会与经济问题。事实上，为了满足帝国不断增长的军事需求，西班牙王室不断加税。当地贵族的勒索进一步加剧农民的苦难。所有这些紧张局势最终导致大规模的民众起义，虽然这些起义得到法国的支持，但还是以失败告终。其中影响较大的是 1647 年的那不勒斯起义 [由马萨尼洛（Masaniello）率领] 与 1674 年的墨西拿（Messine）起义。

西班牙在地区精英阶层的同意下所实施的税收政策，严重加剧那不勒斯王国的贫困。1647 年，当地渔民托马索·阿涅罗·德·阿马尔菲 [Tommaso Aniello d'Amalfi，他更广为人知的名字是马萨尼洛

（Masaniello）[16]] 发起一场反对征收水果税的起义，因为水果是当时那不勒斯最为贫困的阶层唯一能消费得起的食物。马萨尼洛极具煽动力，他以激昂的演说激起民众的不满与反抗。愤怒的民众冲进总督的宫殿、监狱以及水果税征收场所。这场骚乱很快就变得不可收拾，因为被民众称为起义总司令的马萨尼洛最终转向血腥且难以控制的暴力手段。事实上，任何敢于反驳他滥用职权者都会立即遭到判决。最终，马萨尼洛被那不勒斯总督雇佣兵暗杀，并被分尸。尽管如此，他仍然作为英雄的殉道者，甚至是崇拜对象，停留在大众的记忆

[16] 马萨尼洛：意大利渔民，那不勒斯人民反封建起义领袖。1647 年趁人民反对水果税而发动起义，领导起义者烧毁税收文书并围攻那不勒斯总督府。——译者注

中。据说有 400 名牧师和 10 多万名民众参与马萨尼洛的葬礼。马萨尼洛被肢解的尸体奇迹般地重组，起义民众则将他奉为圣人以求得到祝福。

奥地利的胡安·何塞领导军队平息叛乱，这进一步证明了他已在许多战场上展现了卓越军事能力。然而，他却对叛乱者做出了让步：解除总督职责，宣布大赦，并于 1648 年废除有争议的日常消费品税收。

如果说 1647 年那不勒斯发生的叛乱是自 1640 年以来影响西班牙君主制的反税起义的一部分，那么 1674 年的墨西拿起义则更具国际影响力。自 1672 年以来，这座繁荣的西西里岛港口因两大城市派系——梅里派（Merli）与马尔维兹派（Malvizzi）之间的斗争而动荡不安。西班牙任命的墨西拿总督路易斯·德尔·霍约（Luis del Hoyo）试图利用这些冲突为王室谋利，加强西班牙对当地参议院、贵族阶层与富有资产阶级等传统势力的控制。1674 年，局势的恶化导致墨西拿人民反抗西班牙军队，随后墨西拿市向法国国王路易十四寻求帮助。法国军队迅速且高效地进行干预，但是正如当时类似事件的发展走向一样，这场地方冲突最终演变成国际问题。1675 年 2 月，法国舰队在斯特隆博利岛附近打败西班牙舰队。同年，墨西拿市宣誓效忠法国君主。1676 年，荷兰舰队和西班牙舰队先后被路易十四的海军击溃，这也展现了柯尔贝尔雄心勃勃的海军重建计划的卓越成果。但当路易十四发现自己再次面临一个联合的欧洲时，他开始追求战略和平。于是，务实的路易十四选择与墨西拿贵族保持距离。法国军队的撤离在墨西拿造成混乱，民众起义迫使贵族争相逃亡。新的西班牙总督桑蒂斯特班伯爵（Le comte de Santisteban）对叛乱分子进行严厉的镇压，最终恢复了城市秩序。

西班牙王位继承战争后，西班牙在意大利半岛上的属地落入奥地利与萨伏依公国手中。

17 世纪的地中海

在欧洲海洋的历史中，17 世纪无疑是波罗的海和北海商业贸易的鼎盛时期。与此同时，自远古时代与罗马帝国一直在欧洲历史上占据核心地位的地中海，似乎正在逐渐失去其在政治与经济方面的重要性。

17 世纪上半叶，由于奥斯曼帝国不再专注于海战，地中海东部保持相对的平静。苏丹的军队主要在亚洲与中欧地区作战。唯一的例外是奥斯曼帝国对克里特岛的战争。这场战争始于 1645 年，因干地亚围城战（1648 年—1669 年）而造成深远的影响，它不仅向周边地区传递无尽的悲惨消息，还通过编年史将其传播到整个基督教世界。

相比之下，西地中海水域更为动荡。因为在 1635 年至 1659 年间，这片水域是法国与西班牙争夺欧洲霸权的长期战场之一。1642 年，法国与西班牙在巴塞罗那海岸爆发战争 [这场战争被称为"海上罗克鲁瓦战役"（Rocroi naval）]，最终法国舰队击败西班牙舰队，赢得空前的胜利。法国舰队还对意大利海岸的西班牙属地进行骚扰。尽管偶尔与苏丹统治的北非地区或是奥斯曼帝国缔结友好协议，但在意大利海岸上，基督徒和柏柏尔人之间经常爆发冲突。1631 年，路易十三统治下的法国与摩洛哥进行和约和贸易协定的谈判。该和约于 1635 年正式签署，并具有持久的效力。

在这种长期的表面平静的背后，地中海地区却一直酝酿着各种紧张局势，例如伊斯兰教和基督教之间的斗争。这些紧张局势使得地中海地区在整个 17 世纪内暴力冲突不断。实际上，在 17 世纪复杂的外交历史中，没有任何事物能够标志着冲突的结束，也没有任何事物可以与《奥利瓦条约》（La traité d'Oliva）相提并论。在北欧列强们激烈冲突之后，该条约为波罗的海地区带来普遍的和平。

档案：罗马的巴洛克革命

在 17 世纪天主教世界的首都——罗马，所有艺术种类似乎都在相互融合，以便赞美信徒心中的宗教。

1600 年，教皇克雷芒八世（1592 年—1605 年）宣布该年将进行圣年大赦（Une année sainte）。同年，乔尔丹诺·布鲁诺（Giordano Bruno）在罗马被烧死。这两件事形象地总结出 17 世纪教皇之城 [天特会议（Le concile de Trente）之后得胜的教会城市] 的社会氛围。反宗教改革时期的罗马是巴洛克艺术在欧洲的传播地之一。罗马也极好地反映出巴洛克艺术所取得的成就与影响。

自文艺复兴以来，天主教会世界一直是画家和建筑师作品最重要的销售渠道之一。17 世纪，简单的艺术需求与将艺术转变为美化天主教工具的愿望相结合。罗马成为这种壮观发展的主要舞台：丰富的光线、色彩与动态效果，这和新教艺术的朴素风格截然不同。自 16 世纪末起，教皇们从罗马新的城市规划中受益，于是他们逐渐使罗马的公共空间内充满华丽的巴洛克式建筑与纪念碑。

1585 年，教皇西克斯图斯五世（Sixte V）曾计划开辟新街道，其目的是使罗马成为天主教徒的世界之都。在 17 世纪，其他教皇，例如，乌尔班八世（1623 年—1644 年）、英诺森十世（1644 年—1655 年）与亚历山大七世（1655 年—1667 年）继续执行这一计划。与此同时，罗马城内建造并装饰多座大广场，例如奎利纳雷（Quirinal）广场、坎皮多利奥（Capitole）广场与纳沃纳（Navone）广场。辉煌的罗马城也反映出 17 世纪的天主教在意大利以及欧洲影响力的不断增强。新的宗教秩序与伟大人物，例如，撒勒爵（François de Sales）与圣味增爵（Vincent de Paul），清晰地传达出天主教会试图重新征服被新教夺走的地理和文化空间的宗教氛围。

插图（左侧） 《圣苔列莎幻觉》（*L'Extase de sainte Thérèse*），贝尔尼尼创作的大理石雕塑，现藏于罗马圣马利亚·德拉·维多利亚圣母堂。

艺术与宗教

所有艺术种类互相融合，以彰显信仰并征服信徒。错视（Trompe-l'œil）技术的发明使得平面绘画与三维建筑结构产生视觉错觉，自此建筑师、雕塑家与画家的创作技巧之间不再具有严格的区别。弗朗切斯科·波洛米尼（Francesco Borromini，1599 年—1667 年）所设计的一系列教堂便是例证，这些教堂多采用曲线与曲面而并非常规的直线与平面。[17] 著名的乔凡尼·洛伦佐·贝尼尼（Gian Lorenzo Bernini，1598 年—1680 年）最为后世所知的身份是雕塑家和建筑师，但他的绘画作品也受到同时代人的推崇。1629 年，贝尼尼被任命为圣彼得大教堂的建筑师。正是在这座建筑中，人们可以发现一些他最为杰出的作品，其中包括广场上的柱廊，尤其是祭坛上由四根螺旋形雕花青铜柱支撑的巨大华盖。贝尼尼还在罗马的广场和街道上留下其他建筑作品和众多雕塑。

虽然伟大的艺术家及其辉煌的作品大量出现在教皇的宫廷中，但巴洛克式的建筑风格也对许多私人宅邸的装饰产生影响，如红衣主教官邸或者罗马资产阶级的豪宅。无论是公共空间内的巴洛克式建筑还是受其影响的私人宅邸，它们都具备相同的特征：繁多的装饰与华丽的风格。

根据贝尼尼的雕塑原则——"人在运动时最接近真实的自己"（L'homme n'est jamais plus semblable à lui même que lorsqu'il est en movement，即强调雕像应呈现动态），旧式教堂的外立面纷纷得到改造，增加充满动态的装饰物。

直到 1630 年，罗马才出现早期的巴洛克艺术，其主要代表人物是卡洛·马代尔诺（1556 年—1629 年）——他设计出圣苏珊娜教堂的外立面（1597 年—1603 年）并建造完成圣彼得大教堂（1606 年—1615 年）。在建造圣彼得大教堂的过程中，马代尔诺延续米开朗琪罗未完成的计划，即在教堂内部增建三层中殿与两个侧过道。他还通过在教堂的外立面内嵌各式壁柱与立柱以方便天主教徒进入大教堂。同时教堂的外立面上部还设有阳台，用于教皇在朝圣和庆祝活动中举行非常受欢迎的普世降福仪式。

---

[17] 例如波洛米尼设计的圣卡罗教堂，其立面并非一块平面，而是呈波浪式的曲面，好像随时都可以被挤压。这是一种与雕塑技艺相结合的建筑，波洛米尼将整座教堂看作一座雕像，在设计时进行大胆的处理。——译者注

罗马的巴洛克艺术在 1630 年至 1660 年间达到顶峰，这主要归功于两位具有非凡个性的伟大建筑师的作品。不同艺术的结合创造出宏伟的建筑群，其惊人的技巧给观众留下深刻的印象。罗马城内的巴洛克式建筑正如一部包含各种建筑元素的"百科全书"。

贝尼尼和波洛米尼

贝尼尼是教皇乌尔班八世与亚历山大七世的建筑师。他的作品独特地融合建筑、绘画、雕塑和装饰艺术。所受的耶稣教会教育使贝尼尼极力认同和支持反宗教改革，因此能够完美地表达教会的权力意志，最著名的例子是前文提到的他为圣彼得大教堂设计的华盖（1624 年—1633 年）。但就建筑的表现形式而言，贝尼尼最卓越的作品仍是圣彼得大教堂内饰及其外部广场（1657 年—1667 年）。用贝尼尼自己的话来说，他希望信徒们在进入教堂时能感受到"教会用母亲般的怀抱"（"Bras maternels de l'Église"）来欢迎他们。

在雕塑方面，贝尼尼作品的特点是对运动的推崇和对纹理的渲染，而这在以前被认为是不可实现的。贝尼尼充满活力的自然主义在其早期作品中便可见一斑。例如，1619 年创作的《大卫》（David）；

罗马巴洛克时期的杰作

1568年—1572年

罗马耶稣会教堂（Église du Gesù） 雅各布·达·维尼奥拉（Jacopo da Vignola）与贾科莫·戴拉·伯达（Giacomo Della Porta）为耶稣会士建造；该教堂造型充满动感，是第一座大型巴洛克式教堂。

1602年—1626年

梵蒂冈圣彼得大教堂（Saint-Pierre du Vatican） 卡洛·马代尔诺（Carlo Maderno）受委托为大教堂设计拉丁十字架形状的平面图及其外墙立面。

1634年—1664年

圣卢卡马提纳教堂（Église de Saint-Luc-et-Sainte-Martine） 其平面图向中心聚拢。这座教堂以巨大的穹顶为主，是彼得罗·达·科尔托纳（Pietro da Cortona）的作品。

1638年—1641年

四喷泉圣卡罗教堂（Saint-Charles-aux-Quatre-Fontaines） 在这件作品中，弗朗切斯科·波洛米尼打破古典的直线，创造出一个起伏的空间。

1656年—1667年

圣彼得广场（Place Saint-Pierre） 应教皇亚历山大七世要求，贝尼尼设计了这座广场，以突出大教堂的不朽。

插图 乔凡尼·洛伦佐·贝尼尼青年时期自画像，现藏于罗马博尔盖塞博物馆。

为罗马教廷服务的贝尼尼：改造圣彼得大教堂

　　乌尔班八世和亚历山大七世两位教皇委托贝尼尼对圣彼得大教堂进行改造，使其成为天主教的中心。乌尔班八世要求贝尼尼设计教堂的内部空间。借助祭台上的华盖与圣彼得宝座，贝尼尼为大教堂打造出宏伟的巴洛克式风格。亚历山大七世委托他装饰教堂周围的环境，尤其是广场。贝尼尼用充满象征意义的柱廊将广场的两侧围起来。他解释说，圣彼得教堂就像其他所有教堂的母亲一般，必须拥有柱廊，象征着它像母亲一样张开双臂欢迎天主教徒，并启迪异教徒确认真正的信仰。

华盖　受乌尔班八世委托，于1624年至1633年建造以安置圣人彼得的灵柩。4根螺旋式雕花柱高11米，展现了巴洛克式风格的活力。锻造柱子的青铜来自万神殿。

圣彼得宝座　为突出罗马第一任主教的木制宝座，贝尼尼设计让光线穿过透明的玻璃照在宝座上，玻璃中央是代表圣灵的鸽子。

宏伟的柱廊　贝尼尼设计的柱廊与圣彼得教堂相对，该柱廊在视觉上是一个封闭空间，但实际上对外开放，以便教徒参与宗教节日及其仪式，如教皇举行的普世降福式[18]。柱廊周围的雕像是根据贝尼尼的草图，由他本人的雕塑工坊制作而成。贝尼尼在最初的计划中曾设计第三条柱廊用以封闭广场。

<hr>

[18] 罗马教皇举行普世降福仪式的用语为"降福于罗马城及世界"（Urbi et orbi）。——译者注

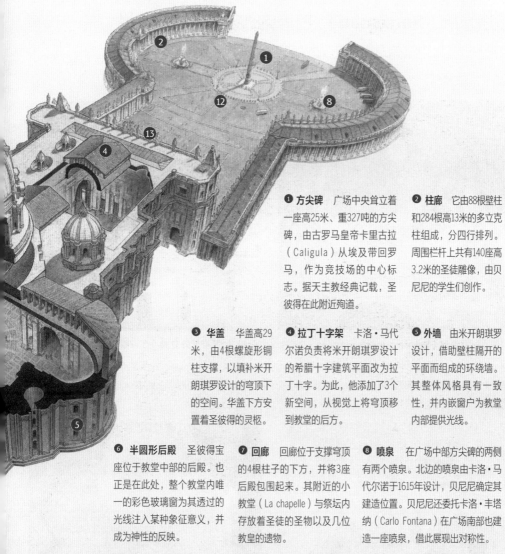

❶ 方尖碑 广场中央耸立着一座高25米、重327吨的方尖碑，由古罗马皇帝卡里古拉（Caligula）从埃及带回罗马，作为竞技场的中心标志。据天主教经典记载，圣彼得在此附近殉道。

❷ 柱廊 它由88根壁柱和284根高13米的多立克柱组成，分四行排列。周围栏杆上共有140座高3.2米的圣徒雕像，由贝尼尼的学生们创作。

❸ 华盖 华盖高29米，由4根螺旋形铜柱支撑，以填补米开朗琪罗设计的穹顶下的空间。华盖下方安置着圣彼得的灵柩。

❹ 拉丁十字架 卡洛·马代尔诺负责将米开朗琪罗设计的希腊十字建筑平面改为拉丁十字。为此，他添加了3个新空间，从视觉上将穹顶移到教堂的后方。

❺ 外墙 由米开朗琪罗设计，借助壁柱隔开的平面而组成的环绕墙。其整体风格具有一致性，其内嵌窗户为教堂内部提供光线。

❻ 半圆形后殿 圣彼得宝座位于教堂中部的后殿。也正是在此处，整个教堂内唯一的彩色玻璃窗为其透过的光线注入某种象征意义，并成为神性的反映。

❼ 回廊 回廊位于支撑穹顶的4根柱子的下方，并将3座后殿包围起来。其附近的小教堂（La chapelle）与祭坛内存放着圣徒的圣物以及几位教皇的遗物。

❽ 喷泉 在广场中部方尖碑的两侧有两个喷泉。北边的喷泉由卡洛·马代尔诺于1615年设计，贝尼尼确定其建造位置。贝尼尼还委托卡洛·丰塔纳（Carlo Fontana）在广场南部也建造一座喷泉，借此展现出对称性。

❾ 穹顶 它由米开朗琪罗设计，他的学生贾·戴拉·伯达于年完成建造。该穹顶径为42.56米，其上拉丁文题词："你得，而我将在这块上建造教堂，我将的钥匙交于你。"

❿ 西斯廷教堂 它位于梵蒂冈使徒宫（Le palais Apostolique）内，得名于教皇西斯都四世（Sixte IV），他于1471年下令建造这座教堂。米开朗琪罗于1508年至1512年间绘制其穹顶，并在1536年至1541年间绘制展现最后的审判场景的祭坛墙。

⓫ 天窗 穹顶上的灯笼式天窗（La lanterne）高17米。连同天窗及其上的十字架，穹顶高达136.57米。天窗上写道："为了圣彼得的荣耀——教皇西克图斯五世（Sixte V）立于1590年，即担任教皇的第五年。"

⓬ 广场 该广场是贝尼尼的作品，由两部分组成。柱廊臂与第二个椭圆形空间共同界定出第一个梯形空间。广场的规模令人叹为观止：长320米、宽240米。

⓭ 外立面 该外立面由卡洛·马代尔诺于1614年建造完成，宽115米、高48米。立面上共嵌有13座5.70米高的雕像，代表除圣彼得和圣约翰（Jean-Baptiste）之外的使徒，基督的雕像位于立面中部。

波洛米尼（Borromini）：巴洛克式宗教建筑的巅峰

　　波洛米尼拥有虔诚的宗教信仰，他的性格拘谨且不善言辞。终其一生与当时另一位伟大的建筑师贝尼尼争夺教皇的青睐。他在罗马许多美丽的教堂都留下了自己的印记。

圣依搦斯蒙难堂（Sainte-agnès-en-agone） 英诺森十世于1652年委托建筑师吉罗拉莫·拉伊纳尔迪建造该教堂。1653年至1657年间，波洛米尼对其进行改造。穹顶上的壁画由西罗·费里（Ciro Ferri）绘制。

圣依搦斯蒙难堂外立面 圣依搦斯蒙难堂位于纳沃纳广场西侧的中间位置。波洛米尼增加两座钟楼之间的距离，并设计出凹陷的外立面以突出钟楼。

四喷泉圣卡罗教堂 1638年至1641年间，波洛米尼开始建造圣卡罗教堂的外墙和钟楼的上部（在他去世后才完成）。

圣依华堂（Sant'ivo alla Sapienza） 由于其卓越的艺术价值以及建造所需的高超技术水平，这座教堂被认为是建筑师波洛米尼的杰作之一。

1621 年 至 1622 年 间 创作的《阿波罗和达芙妮》（*Apollon et Daphné*）；而这种自然主义在其最著名的作品《圣苔列莎幻觉》（1646 年）中得到充分的体现。作为一名肖像画家，在建造教皇乌尔班八世和亚历山大七世陵墓时，贝尼尼展现出描绘场景的精湛技艺。

波洛米尼对巴洛克艺术的形式进行最为大胆、最引人注目的创新。例如，1652 年建造的圣依华堂是集曲线、反曲线、直线、平面和浮雕于一体的杰作，它就像一股旋风，向

乌尔班八世　这位教皇不仅保护艺术，还是几位艺术家的赞助人，其中最为著名的艺术家是贝尼尼。这座乌尔班八世雕像正是由负责管理和维护罗马古迹的官员委托贝尼尼雕刻而成。

穹顶升起并最终在螺旋形的尖顶结束，这象征着对神圣意志的向往。四喷泉圣卡罗教堂 [由西班牙圣三修会（Trinitarians）委托，建于 1634 年至 1644 年间]、圣依搦斯蒙难堂以及法尔科涅里府邸（Le palais Falconieri de Frascati）都展现了波洛米尼在建筑方面不竭的创造力。

在波洛米尼的学生中，彼得罗·达·科尔托纳（1590 年—1669 年）最为著名。他在建筑艺术方面做出许多重要的创新，例如罗马圣母马利亚大教堂（Santa Maria della Pace，1656 年建成）的半圆形主立面。但科尔托纳更以其绘画与壁画作品而闻名于世，例如巴洛克绘画的代表作《绑架萨宾妇女》（*L'Enlèvement des Sabines*，绘于 1629 年）。

维拉努夫宫

维拉努夫宫始建于 1677 年，是波兰国王约翰三世·索别斯基（Jean Ⅲ Sobieski）的夏宫。

插图（右侧） 刻有约翰三世·索别斯基肖像的银盘，现藏于法国蒙特雷索城堡。

欧洲北部与神圣罗马帝国

1648 年，德意志地区各诸侯国几乎完全独立，神圣罗马帝国皇帝的称号变成一种纯粹的荣誉头衔。为了弥补这一点，维也纳的哈布斯堡王朝开始对多瑙河地区以及帝国世袭领地的集权管理产生兴趣。同时期的瑞典迎来伟大的发展时期，波兰的命运则因深受连续被分割领土之害而变得更加悲惨。

神圣罗马帝国由不同地区联合组成，它们之间的主要纽带是对皇室的忠诚。然而皇帝从未有能力控制或绝对统治完整的神圣罗马帝国。即便如此，在奥地利和前波希米亚王国（波希米亚、摩拉维亚和西里西亚）领地上，神圣罗马帝国皇帝的权力依旧不容置疑，他在秘书和枢密院的帮助下统治整个帝国。这种情况是三十年战争造成的后果之一。1620 年的白山之战表明，任何自治的企图都会遭到帝国军队的摧毁。因此，皇帝会派遣一位极有效率的官员以高度集权的方式统治奥地利与波希米亚，而管辖其他领土的官员则会根据对皇帝的服从程度来决定统治方式。

17 世纪中期签署的一系列国际条约明确规定日耳曼地区的政治与宗教分治政策。德意志诸侯统治下的王国实际上保持独立的地位。皇权立即被降低到荣誉层面。当汉诺威公爵（Le duc de Hanovre）晋升为选帝侯时，选帝侯（未来皇帝的待选者）成员从八人增至九人。

帝国议会（La Diète）旨在监督一般事务，并于 1663 年成为常设机构。但是当帝国议会内部分裂成 3 种势力（选帝侯、诸侯以及城镇代表）时，其执行能力受到严重的限制。一些诸侯的众多子嗣继续分割其领地，这进一步加剧德意志地区的政治分裂。

三十年战争使神圣罗马帝国付出惨痛的代价。除奥地利与勃兰登堡之外，重要的萨克森与巴伐利亚王国也遭到蹂躏。到 17 世纪末，这些国家的重建消耗了大量资源。日耳曼世界的危机是如此之深，以致在文化层面上也有所反映。当时如戈特弗里德·莱布尼茨（Gottfried Leibniz）等大多数德意志著名作家更愿意阅读拉丁语或法语作品，而并非德语作品。艺术领域也同样面临十分严峻的形势。然而，这种文化与艺术上的颓废并没有阻碍宗教复兴运动的兴起，宗教复兴运动在 17 世纪末表现为虔敬派（Le piétisme）迅速发展，并得到路德派神学家菲利普·雅各·斯彭内尔 (Philipp Jacob Spener) 的广泛宣传。

奥匈帝国

《威斯特伐利亚和约》的签署国，尤其是法国和哈布斯堡王朝，皆是神圣罗马帝国秩序的维护者。但是法国黩武主义的干预政策和对新教的暧昧态度使它逐渐失去影响力。相反，奥地利的影响力却在持续增长，特别是在神圣罗马帝国的南部领土上。与此同时，勃兰登堡在帝国北部地区的话语权日益增加，并成为一股制衡奥地利的力量。

神圣罗马帝国皇帝斐迪南二世和斐迪南三世的失败，成为哈布斯堡王朝历史上的一个重要转折点。最终，哈布斯堡王朝被迫放弃古老的中世纪幻想——"一个帝国、一种基督教"（Un Empire, une chrétienté）；因为在德意志地区，神圣罗马帝国皇帝只是一种象征性的头衔，并不具备任何实权。于是，哈布斯堡王朝重新将力量集中到奥地利、波希米亚和匈牙利王国。自此他们的目标是建立一个庞大的多瑙河帝国，这个帝国随后将成为欧洲的主要大国之一。

哈布斯堡家族利奥波德一世（1658年—1705年）的长期统治在这方面起到决定性的作用。自1680年起，利奥波德一世为建立一支常备军奠定基础，制定定期征收间接税的制度，并推动帝国管理日益集权化。利奥波德一世的另一个目标是在匈牙利王国建立选举君主制，即与波希米亚实行相同的统治体系。其目的是将匈牙利变成一个信奉天主教，但拥有日耳曼文化的世袭王国。然而，这一计划却遭到多方面的抵制，除匈牙利民众反对之外，历史上属于匈牙利的几处领土当时还掌握在奥斯曼帝国手中。17世纪上半叶，匈牙利的新教运动取得进展，不断尝试从神圣罗马帝国内部获得自治。将特兰西瓦尼亚亲王（其匈牙利领土由奥斯曼帝国控制）升级为匈牙利国王的努力，正符合上述目标。1670年，新的自治起义爆发，但遭到帝国军队的严厉镇压。

尽管局势紧张，哈布斯堡帝国仍能抵抗威胁欧洲的恐怖挑战——1679年的大瘟疫与1683年奥斯曼帝国的入侵。最终于1683年，利奥波德一世在维也纳战役中战胜土耳其军队后，对匈牙利实行严格的控制。他借助特别法庭进行血腥镇压，并于1687年为奥地利谋取利益，迫使匈牙利承认王位世袭。但是与此同时，利奥波德一世必须保持匈牙利的传统法律与议会制度。

1699年，历史悠久的匈牙利被完全并入神圣罗马帝国。由于萨伏依欧根亲王（Eugène de Savoie）战胜土耳其军队，奥斯曼帝国不得不割让1526年以来一直统治的匈牙利领土，仅除特兰西瓦尼亚公国之外。虽然18世纪初匈牙利再次爆发反对奥地利皇帝的起义，但利奥波德一世仍是获得最多新领土的欧洲君主。他最终征服的领土面积，甚至比强大的法国国王路易十四所留下的还要广袤。

但可以肯定的是，利奥波德一世始终无法摆脱法国的影响。他与太阳王路易

利奥波德一世的统治：对抗土耳其与匈牙利的铁腕政策

斐迪南三世的次子——利奥波德一世原本没有机会继承皇位且他本人极其喜爱音乐，对政治并不感兴趣，但由于他的兄长斐迪南以及父亲斐迪南三世分别于 1654 年与 1657 年逝世，利奥波德一世最终被迫继承皇位。1705 年逝世时，利奥波德一世成功统一神圣罗马帝国、波希米亚王国和匈牙利王国。

利奥波德一世是专制君主的典型代表。在一支庞大军队的支持下，他成功建立起中央集权模式，并以与奥斯曼帝国作战为代价，扩大哈布斯堡王朝在多瑙河盆地的领土（奥斯曼帝国于1683年第二次威胁到维也纳，第一次可追溯到1529年）。奥斯曼帝国并不是他唯一的敌人，因为利奥波德一世还代表自己的儿子查理与法国争夺西班牙王位的继承权。利奥波德一世声称查理有权获得西班牙王位，因为他是费利佩三世（Philippe Ⅲ）之女玛丽亚·安妮（Marie-Anne）公主的儿子。

插图 右图：《利奥波德一世统治寓意画》，由杰拉德·霍特（Gérard Hoet）创作，现藏于因斯布鲁克市阿姆布拉斯城堡。画面中，利奥波德一世❶以赫拉克勒斯（Hercule，希腊神话中的大力士）的形象示人，其功绩值得钦佩，例如战胜脚下的七头蛇❷。而他的身边围绕着多位美德女神❸：包括信念、希望、正义、忠诚与节制。左图：利奥波德一世半身雕像，由加布里埃尔·德·格鲁佩罗（Gabriel de Grupello）创作，现藏于维也纳艺术史博物馆。

美泉宫（第 186—187 页）

美泉宫被誉为维也纳的凡尔赛宫，是奥匈帝国权力和财富最重要的象征。它由利奥波德一世下令建造，随后由玛丽亚·特蕾莎进行最大规模的扩建。

十四的统治时期重合，而在德意志帝国领土上发生的间接争端使他与法国君主互相对立。法国以援助与贿赂引诱德意志诸侯，而这最终削弱了奥地利皇帝对帝国领土行使绝对主权。

利奥波德一世本人的道德权威也受到驻维也纳法国外交大臣们的质疑。他们不断地贬低利奥波德一世，例如，他们告诉法国国王，利奥波德一世是"一只需要不断上发条的手表"（Une montre qui avait constamment besoin d'être remontée）。路易十四从未忘记 1657 年的失败，当时马萨林主教曾试图让法国

国王成为神圣罗马帝国皇帝而未果。为抹去这一耻辱，法国不断在经济与外交方面诉诸各种阴谋，以推动美因茨与科隆选帝侯、黑森亲王，甚至作为不来梅领主的瑞典国王之间签署《莱茵河条约》（*Le pacte du Rhin*）并成立莱茵联盟。路易十四则以"和平成员"（Membre de la paix）的浮夸头衔加入这一威胁神圣罗马帝国皇帝权威的联盟。哈布斯堡帝国与法国王权之间持续的紧张局势引发一系列冲突。尽管如此，利奥波德一世还是通过娴熟的结盟政策，成功制衡法国获得的政治优势。

神圣罗马帝国
哈布斯堡王朝
1576年—1612年
鲁道夫二世（Rodolphe II）
1612年—1619年
马蒂亚斯一世（Mathias Ier）
1619年—1637年
斐迪南二世（Ferdinand II）
1637年—1657年
斐迪南三世（Ferdinand III）
1658年—1705年
利奥波德一世（Léopold Ier）
1705年—1711年
约瑟夫一世（Joseph Ier）
1711年—1740年
查理六世（Charles VI）

瓦萨王朝首位国王

来自瑞典的齐格蒙特三世（Sigismond Ⅲ）是波兰瓦萨王朝的第一位国王。《齐格蒙特三世肖像》，由马丁·科贝尔（Martin Kober）创作，现藏于因斯布鲁克市阿姆布拉斯城堡。

波兰——天主教的堡垒

自 1569 年与立陶宛合并以来，波兰王国成为欧洲面积最大的国家。波兰国土北达波罗的海，南至黑海，东起第聂伯河，西至奥得河附近。在两个王国合并后，贵族阶层仍在波兰王国中占据主导地位并控制着国家的经济活动。他们通过结盟寻求保护以抵御外部攻击。实际上，贵族们只想享受优越的地位与权力，而不愿承担过多的税收义务。直到 1572 年，这个"王室共和国"（République royale，即波兰王国）与雅盖隆王朝都有着特殊的联系。此后，贵族阶层倾向于选择依赖他们的君主，因其中立性不会影响各个贵族阵营的利益。这一制度十分有效，使波兰免于经历 16 世纪

下半叶摧毁东欧的地方性内战。

　　齐格蒙特三世（1587年—1632年）是波兰瓦萨王朝的第一位国王，同时，他也是瑞典王位的继承人。齐格蒙特三世通过合法的贵族选举成为波兰国王。但他在统治期间共被推翻过两次，第一次于1594年，第二次于1599年，这无疑阻碍了一个庞大王国的形成，该王国本可以获得极其广阔的领土。除此之外，齐格蒙特三世发现波兰的贵族阶层常年处于分裂状态。为了维护主权，他做出一项重要决定：将国家的首都从克拉科夫迁到华沙。他还将自己在爱沙尼亚的封地并入波兰以及试图在普鲁士这一重要地区加强王权。在外交方面，齐格蒙特三世致力于向东扩张，

齐格蒙特三世圆柱

　　该圆柱由瓦迪斯瓦夫四世（Ladislas IV）于1644年在华沙城堡广场上建造，以纪念他的父亲齐格蒙特三世将波兰的首都从克拉科夫迁到华沙，现藏于华沙历史博物馆。

但最为重要的是与神圣罗马帝国达成和解。他与哈布斯堡王朝之间的关系因采取相似的宗教政策而得到进一步加强。与奥地利王室一样，波兰国王是天主教反宗教改革运动中最积极的支持者。由于耶稣会学院与学校的设立以及它们对国家教育的有效垄断，天主教得以在波兰王国站稳脚跟。在这个有着广阔边界且缺乏自然防御的王国内，齐格蒙特三世将宗教视为臣民之间的重要纽带。

齐格蒙特三世逝世后，瓦迪斯瓦夫四世（Ladislas IV，1632—1648年）继位。两位君主在位期间经历了波兰的黄金时代（因向西欧国家出口谷物、木材、亚麻与大麻等产品而变得富有），但发展的黄金时代也在瓦迪斯瓦夫四世的统治末期终结。与他的父亲一样，瓦迪斯瓦夫四世也是由控制波兰的贵族寡头选举产生的。这种选举君主制体现出王权的弱小，国王甚至没有自己的军队。此外，瑟姆议会（La Diète，即波兰贵族议会）保留否决权准则：只要有一名议员不同意，就可以立即中止任何计划的实施。

由于担任多个王国的君主，瓦迪斯瓦夫四世的统治相当混乱。尽管权力极其受限，但瓦迪斯瓦夫四世在1648年前一直担任瑞典国王，并于1610年至1613年间成为俄国沙皇。在上述情况下，瓦迪斯瓦夫四世曾在瑞典与俄国领土内进行军事行动，其中包括因1634年签署《维亚兹马条约》（*Le traité de Viazma*）而告终的对俄战争（为夺回沙皇皇位）。1635年，波兰与瑞典共同签署《斯图赫姆斯多夫和约》（*Le traité de Stumdorf*）以建立长久的休战期。尽管经历过战争，但瓦迪斯瓦夫四世统治下的波兰在长期内仍处于和平状态。

在试图保住瑞典与俄国王位失败后，企图在欧洲享有声望的瓦迪斯瓦夫四世与参与三十年战争的强国进行密切的外交接触。他试图调解战争，因此不断向参与战争的各国君主（包括军队元帅华伦斯坦）派遣波兰使臣。尽管瓦迪斯瓦夫四世坚持不懈地努力调解，但他的所有计划都遭遇失败，波兰未能参加威斯特伐利亚谈判。

在宗教方面，瓦迪斯瓦夫四世与其父不同，他支持使天主教徒、新教徒和东正教徒联系更加紧密的普世教会倡议。瓦迪斯瓦夫四世也非常关注文化科学领域，他与伽利略以及胡果·格老秀斯（Hugo de Groot）等人的大量通信证明了这一点。在推进波兰王国文化西化的过程中，瓦迪斯瓦夫四世与强大的贵族阶层发生冲突。正如反对国王进行领土扩张战争一样，贵族阶层拒绝在王国内开设剧院或上演意大利歌剧。在贵族议会的支持下，这种公开的排外态度不仅造成新的课税，还阻止弗拉芒画家鲁本斯等著名艺术家的作品进入波兰。

瓦迪斯瓦夫四世统治时期，波兰国王具有一定的威望。但他同父异母的兄弟及继任者（前耶稣会士与红衣主教）约翰二世·卡齐米日·瓦萨（Jean Ⅱ Casimir Vasa，1648 年—1668 年）的统治却造成波兰王国的全面崩溃。波兰在昔日冲突中偶尔发挥的重要作用也逐年减弱。1648 年，扎波罗热 [意为荒原（Les terres sauvages）] 部落的哥萨克人在第聂伯河中游地区爆发起义。由于俄国沙皇阿列克谢一世（Alexis Ⅰer）的庇护，哥萨克人成功地将波兰势力驱逐出该地区。哥萨克领袖赫梅尔尼茨基（Jmelnytsky）在反对波兰国王的过程中，获得波兰王国内部许多阶层的支持。农民认为赫梅尔尼茨基能将他们从奴役中解放出来。东正教会被能统治天主教的承诺所诱惑，甚至路德教派的贵族也加入这一反对信奉天主教国王的联盟。日益严重的危机与国内的混乱形势使得俄国与瑞典趁机进攻波兰。沙皇阿列克谢一世的军队迅速进入立陶宛与乌克兰领地。瑞典国王卡尔十世·古斯塔夫（Charles X Gustave）则率领军队入侵波兰北部。为了应对俄国与瑞典的攻击，

约翰三世·索别斯基——好战的波兰国王

在欧洲对抗奥斯曼帝国威胁的斗争中，约翰三世比利奥波德一世发挥更为重要的作用。1683 年，他击败即将围攻维也纳的大维齐尔[19]卡拉·穆斯塔法帕夏（**Kara Mustapha**）的军队。尽管取得胜利，但是他在波兰王国的统治却因经济危机和不愿意放弃特权的贵族而变得困难重重。

作为贵族雅各布·索别斯基（Jacques Sobieski）之子，约翰三世很快就以其军事领导天赋而闻名。年轻时期，他一直在战场上拼杀，曾率领军队击败瑞典、鞑靼军队以及哥萨克骑兵。1665年，41岁的约翰三世被任命为波兰军队的最高统帅。1673年，他于霍奇姆战胜人数众多的奥斯曼帝国军队，这使他成为民族英雄。因此在米哈乌·克雷布特（Michel Korybut）于1674年去世后，约翰被华沙瑟姆议会选为波兰国王。但这并不妨碍他继续参与军事行动，其中最著名的是维也纳之战：1683年9月11日和12日，在约翰三世的指挥下，波兰、巴伐利亚与奥地利联军在卡伦贝格战役中击败奥斯曼帝国军队。

插图 《约翰三世·索别斯基肖像》，由扬·特雷科（Jan Treko）创作，现藏于克拉科夫雅盖隆大学博物馆。

---

[19] 大维齐尔：奥斯曼帝国苏丹以下最高级的大臣，相当于宰相的职务，拥有绝对的代理权，原则上只有苏丹才能解除此权。——译者注

约翰二世寻求与勃兰登堡选帝侯结盟，作为交换条件，他必须放弃对普鲁士公国的所有历史权利。但是，这一切努力都无济于事，波兰最终不得不将利沃尼亚北部割让给瑞典，而沙皇阿列克谢一世则成功吞并白俄的部分地区与第聂伯河以东的所有乌克兰领土。

在波兰历史中，1655 年至 1660 年间王国所遭受的连续入侵被称为"大洪水时代"（Déluge）。这一时期无疑充满悲剧色彩，波兰王国自此从未在该地区赢得重要地位。国王约翰二世试图通过制定永久性的税收法规来改革国家体制，并在王国内实行严格受控的世袭继承制度。此外，虽然废除封建贵族对王位继承否决权的计

第二次围攻维也纳

约翰三世将维也纳从奥斯曼帝国军队围城的威胁中解救出来，这无疑是他最为著名的军事功绩。维也纳之战，即卡伦贝格战役（1683 年 9 月 12 日），以波兰的胜利而告终，标志着奥斯曼帝国对欧洲威胁的结束。

插图 《维也纳之战》，匿名油画，现藏于维也纳军事历史博物馆。

波兰国王奥古斯特二世
（Auguste Ⅱ）

被誉为"强力王"（Le Fort）的奥古斯特二世试图通过废除选举君主制来恢复王权。大北方战争（La Grande Guerre du Nord）造成他的计划破产，并使波兰受制于俄国。最终在斯坦尼斯瓦夫二世·波尼亚托夫斯基（Stanislas Ⅱ Poniatowski，1764 年—1795 年）统治时期，波兰王国失去其民族独立地位。

划得到瑟姆议会的批准，但却在王国内部引发贵族起义。由于无法应对政治和经济上的混乱局面，约翰二世中断改革，并于 1668 年退位。

约翰三世·索别斯基（Jean Ⅲ Sobieski）于 1674 年当选为波兰国王，并一直统治到 1696 年逝世。尽管约翰三世在国外对土耳其军队采取积极的军事行动，但他却无法解决王国内部的混乱。贵族否决权的持续存在使得波兰长期处于政治瘫痪及无政府状态。"大洪水"入侵之后，城市和商业资产阶级逐渐衰落，而各封地领主却加强对农民的剥削。贵族在政治与经济上的统治地位对整个波兰社会造成巨大影响。少数有权势、受过良好教育的领主控制着王国的大部分土地，而数量庞大的小贵族即施拉赤塔（Szlachta），十分好斗且常在王国内部引起骚乱。除此之外，波兰混杂的宗教也使内部的统一变得更加困难。虽然大部分民众信仰天主教，但也存在很多激进或地方的宗教少数派：包括王国东部的东正教、西部的路德教派，以及城市中被广泛信仰的犹太教。

1697 年，当萨克森选帝侯奥古斯特二世接替约翰三世成为波兰国王时，各地区之间的平衡已经形成。1699 年，波兰全面参与大北方战争。这场战争结束时，波兰遭受惨痛的蹂躏，其国家实力大不如前。1733 年，波兰国王奥古斯特二世去世，但是自 1717 年起，沙皇彼得一世已经成为波兰的实际操控者。

丹麦君主制

在 17 世纪的大部分时间里，丹麦王国（包括当时非常贫穷、人口稀少的挪威）是瑞典最主要的敌人。三十年战争后，面对强大的瑞典王国，丹麦仍成功保留王国的资产。丹麦王室的领地自日德兰半岛起，向南延伸至奥尔登堡（Oldenbourg）家族领地——荷尔斯泰因公国（神圣罗马帝国的一部分）。丹麦王室还拥有许多位于海峡战略区和波罗的海最东端的岛屿。由于丹麦对瑞典最南端的斯科讷以及将瑞典与丹麦分开的松德海峡的统治，它控制着所有通行于波罗的海的船只。这种重要的地缘战略局势（引发丹麦与周边王国的频繁对抗）在丹麦的这段历史中至关重要。除此之外，丹麦坚持奉行路德教派，这最终将其卷入中欧地区三十年战争的困境。

正如其他斯堪的纳维亚王国的情况一样，丹麦必须加强君主对贵族的权力，以避免出现长期的无政府状态，甚至有些贵族家族也参与限制贵族权力的运动。当时占据丹麦王位的奥尔登堡家族表现得尤为突出。

1588 年至 1648 年在位的克里斯蒂安四世（Christian Ⅳ）是一位雄心勃勃、意志坚定的君主，也是实施加强王权政策的代表人物之一。他被认为是丹麦历史上的军事英雄。在内政方面，克里斯蒂安四世对抗贵族以巩固王权；加强国防建设并推动重要的经济改革，以促进当时在东印度群岛开始的殖民扩张。与此同时，他还试图在波罗的海地区实现军事霸权，以对抗强大的瑞典王国。

腓特烈堡

根据克里斯蒂安四世的命令，腓特烈堡于1601年至1620年间建造完成。它不仅是丹麦文艺复兴时期建筑风格的典范，也是斯堪的纳维亚半岛上面积最大的宫殿。腓特烈堡象征着丹麦国王的权力。该城堡于1839年遭遇大火，后又得以重建。

1611年，克里斯蒂安四世占领瑞典卡尔马港并发动战争，这场战争因此被称为卡尔马战争。1613年，丹瑞双方签订对丹麦有利的《克奈雷德条约》（La paix de Knäred）。丹麦还获得100万里克斯达勒（Riksdaler，当时的瑞典货币）的战争损失赔偿。自1626年起，克里斯蒂安四世的霸权梦促使丹麦介入三十年战争中的德意志地区。为了证明丹麦的军事行动具有正当性，克里斯蒂安四世宣称自己是新教的捍卫者，而其真正目的是对德意志地区主要水道的河口实施军事和商业上的控制。

但是，丹麦军队难以应付蒂利伯爵领导的天主教联盟军（La Ligue catholique）与华伦斯坦指挥的神圣罗马帝国军队。在经过 3 场大战以及丹麦在德绍桥之战和鲁特尔战役遭遇失败之后，神圣罗马帝国军队于 1626 年 4 月至 5 月间进攻丹麦。1629 年，《吕贝克和约》（La paix de Lübeck）的签署标志着丹麦干预德意志事务企图的终结。尽管如此，丹麦实际上依然避免了遭受领土上的损失。

1643 年至 1645 年间，瑞典和丹麦在北欧爆发了一场新的战争。这次冲突由瑞典军队入侵丹麦日德兰半岛引起，最终瑞典于 1644 年占领该半岛。在这场消耗战期间，战场上占据优势的一方数次易手。在法国与联省共和国的调解下，丹瑞双方最终于 1645 年 8 月签署《布勒姆瑟布鲁条约》（Le traité de Bromsbro），丹麦割让部分领土给瑞典以结束这场战争。

17 世纪中叶丹麦政坛的另一位重要人物是弗雷德里克三世国王（Frédéric Ⅲ，1648 年—1670 年）。1660 年，经过十几年的统治，弗雷德里克三世成功夺取几个世纪以来一直由封建贵族与议会把持的统治权力。为了实现这一目标，他寻求强大的城市资产阶级的支持，并实行设立新贵族头衔的政策，这种头衔的持久性严格取决于对君主的忠诚度。1665 年，丹麦议会通过法律承认王位世袭，并赋予国王许多重要的政治、立法与财政权。随后，丹麦与瑞典在 1657 年至 1658 年以及 1658 年至 1660 年间两度爆发战争，其间因双方于 1658 年签订《罗斯基勒条约》（Le traité de Roskilde）而出现短暂的和平。1660 年签署的《哥本哈根条约》（Le traité de Copenhague）承认《罗斯基勒条约》的内容，这也使弗雷德里克三世能够借助在战场上获得的盛誉继续推进其政治计划。

1655 年，年仅 9 岁的弗雷德里克三世之子克里斯蒂安五世（Christian Ⅴ）被立为王储。他于 1670 年至 1699 年间担任瑞典国王，进一步发展其父实行的君主专制政策。与此同时，他本着西欧当时非常流行的重商主义推动经济改革。为反对和限制贵族权力，他经常任命平民担任公职并授予他们男爵或伯爵的头衔。在军事上，克里斯蒂安五世发动针对瑞典的新战争（1675 年—1679 年）；在内政方面，他以立法统一与 1688 年创建土地登记制度著称。

克里斯蒂安五世的继任者——他的儿子弗雷德里克四世（Frédéric Ⅳ）于 1699

年至 1730 年间在位。他发现自己被卷入大北方战争，同时必须不断应对与瑞典无休止的冲突所带来的各种后果。在内政方面，他通过采用格里高利历和废除中世纪起实行的最为严苛的农奴制度等措施，来推进丹麦王国的西方化。

波罗的海的霸权

自《威斯特伐利亚和约》签署后，瑞典成为波罗的海地区的第一强国。在领土方面，瑞典获得神圣罗马帝国的不来梅、维登和俾斯麦。除此之外，它还侵占波美拉尼亚王国。到 17 世纪中叶，芬兰、英格里亚、爱沙尼亚和拉脱维亚也落入瑞典王国手中。波罗的海已然成为"瑞典内湖"。自 1525 年起统治瑞典的瓦萨王朝的计划终于实现。

尽管人口不多，但瑞典已经成为一个强大的王国。由于自然资源匮乏，控制波罗的海航运及其贸易显然将为瑞典提供非常重要的地缘战略资源。瑞典在国际上具有重要地位，因为英国和联省共和国都需要通过波罗的海港口来运输，以维持军队粮食与其他产品的供应。

16 世纪末，瑞典与波兰王国共同受到瓦萨王朝的统治。1592 年，齐格蒙特三世曾短暂地成为这两个王国的共同君主，即波兰国王兼瑞典国王齐格蒙特三世，但他的叔叔卡尔同时在瑞典王国担任摄政。齐格蒙特三世计划继续推进两个王国的统一，并尽可能恢复天主教在欧洲东北部的主流宗教地位。然而，瑞典贵族则对此表示激烈反对。虽然贵族阶层表面上提出教义层面上的争论，但其实是为了维护瑞典以贵族阶层主导君主制为基础的社会与政治秩序。波兰国王侵占瑞典的企图没有得逞，瑞典议会于 1599 年废黜齐格蒙特三世，从而形成一段持续到 1604 年的王位空缺期。

齐格蒙特三世的叔叔卡尔九世（Charles IX）于 1604 年至 1611 年间统治瑞典。他需要解决的主要问题是应对波兰的侵略态势。但是，战争氛围并没有妨碍他采取相关措施管理瑞典王国，例如，在波罗的海海峡促进港口飞地的发展。这一行动引起丹麦的迅速回击，丹麦最终在 1613 年的《克奈雷德条约》中将有利于丹麦的条件强加于瑞典。古斯塔夫二世·阿道夫当时执政不久，这项条约也成为丹麦对瑞典的最后一次胜利。

古斯塔夫二世·阿道夫在 1611 年至 1632 年间担任瑞典国王，他被誉为"北方雄狮"。毫无疑问，古斯塔夫二世是 17 世纪最负盛名的瑞典君主。到他去世时，整个波罗的海周边地区都处于瑞典的控制之下，这个曾经游走在边缘的王国已经成长为欧洲重要的军事强国。

虽然他的统治始于与丹麦签署屈辱的和平协议，但古斯塔夫二世·阿道夫迅速着手向丹麦复仇。基于优先在轻型步兵中安插火炮的新战略，他组建了一支强大的军队。热忱的新教徒古斯塔夫二世正是试图通过火炮在北欧建立波罗的海新教帝国的。在介入德意志冲突之前，瑞典于 1617 年与波兰、1629 年与俄国签署系列条约。

古斯塔夫二世·阿道夫趁波兰与奥斯曼帝国交战的机会，于 1621 年占领里加。该市是国际贸易的主要港口之一，它在东欧地区的影响力仅次于格但斯克（Dantzig，又译作"但泽"）。毫无疑问，此举除了收获经济上的成果外，还伴随着一种具有象征意义的成功。与新教在波希米亚战争中的失败相反，瑞典的这次征服意味着路德教国家瑞典对天主教国家波兰的胜利。通过这次军事行动，瑞典国王希望获得荷兰与德意志北部各王国的支持，并取代丹麦成为新教的捍卫者。为了建立一个以宗教为标志的帝国，瑞典很快就能得到法国的支持，特别是从 1630 年起，当时瑞典已经完全卷入动荡的三十年战争中。

1631 年，法国与瑞典达成《贝尔瓦尔德同盟条约》（ _Le traité de Bärwald_ ），该条约规定法国将给予瑞典援款，以帮助其在德意志地区开展为期 5 年的军事行动。作为交换，法国外交大臣要求瑞典尊重巴伐利亚的领土完整和占领地区的天主教信仰。古斯塔夫二世取得压倒性的胜利，他率领军队穿过整个莱茵河流域，并且没有遇到任何抵抗，瑞典军队似乎势不可当。随着战争蔓延到巴伐利亚，瑞典军队占领慕尼黑，其法国盟友也担心瑞典军队撕毁《贝尔瓦尔德同盟条约》。然而，1632 年3 月，神圣罗马帝国军队重组，华伦斯坦元帅再次担任军队指挥。在同年 11 月的吕

瑞典国王古斯塔夫二世·阿道夫（Gustave II Adolphe）："北方雄狮"及其悲惨结局

被誉为"北方雄狮"（**Le lion du Nord**）的古斯塔夫二世最终战死在前线。在四次国际战争中，古斯塔夫二世不仅展现出巨大的勇气，还展现其作为军事家的卓越才能，这使得他的经历更具有传奇性。虽然古斯塔夫二世在吕岑会战中的死亡造成瑞典军队反胜为败，但他的成就所带来的影响一直持续到下个世纪初。

如果古斯塔夫二世并未战死，没有人知道瑞典的历史将走向何处。17岁时，古斯塔夫二世继承深陷政治与经济危机的瑞典王国，并自此带领瑞典成为世界领先的强国之一。古斯塔夫二世过度勇敢的决定是他在战场上丧生的原因。在吕岑会战的最后一场小规模战斗中，古斯塔夫二世注意到军中的一个旅陷入敌军的包围圈。他立即下令援助，并亲自率领小型护卫队向敌军发起冲锋。随后，他的左臂被子弹击中，另一颗子弹则打伤他的战马。混乱中，战马带着古斯塔夫二世误入敌军阵营。他随即被一名帝国军队骑兵开枪射中后背，跌落战马并受重伤，而后又被子弹击中脑部死亡。

插图 左图：瑞典国王古斯塔夫二世·阿道夫纪念碑，位于爱沙尼亚塔尔图；右图：《古斯塔夫二世殒身吕岑》，卡尔·瓦尔博姆（Carl Wahlbom）创作的油画，现藏于瑞典国立博物馆。

岑会战中，瑞典军队击败天主教军队，但瑞典国王古斯塔夫二世·阿道夫在战斗中不幸牺牲。

古斯塔夫二世之女克里斯蒂娜在首相阿克塞尔·乌克森谢纳（Axel Oxenstierna）的监护下留在瑞典，并在古斯塔夫二世去世后继承王位。当时的克里斯蒂娜年仅6岁，因此由首相担任瑞典王国的摄政。这位年轻的女王拥有非凡的智慧和记忆力，并自小接受极为细致的教育（与男性继承人相同）。克里斯蒂娜也因其

创作的文学作品而被誉为"北方密涅瓦"（La
Minerve du Nord）。当克里斯蒂娜于 1644 年
正式成为瑞典女王时，她开始疏远乌克森谢纳
首相。富有野心的瑞典贵族则乘机攫取利益。
早在 1638 年，他们就开始侵占已经不断减少
的王室领地（当瑞典将军从重大战役中归来时，
国王会将部分王室土地赠予他们以示嘉奖）。

尽管 1634 年第一次诺德林根战役的失败
导致瑞典失去德意志地区的部分领土，但与法

17 世纪的瑞典国王

1604 年—1611 年
卡尔九世（Charles IX）

1611 年—1632 年
古斯塔夫二世·阿道夫（Gustave II Adolphe）

1632 年—1654 年
克里斯蒂娜（Christine de Suède）

1654 年—1660 年
卡尔十世·古斯塔夫（Charles X Gustave）

1660 年—1697 年
卡尔十一世（Charles XI）

1697 年—1718 年
卡尔十二世（Charles XII）

1718 年—1720 年
乌尔丽卡·埃利诺拉（Ulrique Éléonore）

克里斯蒂娜——博学女王、文学与艺术赞助者

1632 年，古斯塔夫二世・阿道夫在吕岑会战中去世，将王位传给当时年仅 6 岁的女儿克里斯蒂娜。1644 年成年后，相较于政治与战争，克里斯蒂娜对艺术、科学与文学更有兴趣。

克里斯蒂娜短暂的统治时期（从她成年到1654年退位的10年）是瑞典的一次文化复兴时期。她的座右铭是"智慧是王国的支柱"（Columna regni sapientia）。为了付诸实践，克里斯蒂娜毫不犹豫地花费大笔资金购置艺术作品，这进一步削弱由于多年战争与军费支出已经岌岌可危的国家财政。因此，她与同时代另一位伟大的收藏家——西班牙国王费利佩四世关系密切。1645年，克里斯蒂娜在退位后不久便将阿尔布雷希特・丢勒（Albrecht Dürer）创作的二连画《亚当和夏娃》赠送给费利佩四世。然而，女王的兴趣并不局限于艺术，还扩展到哲学与科学领域。她于1649年邀请众多学者中最为著名的勒内・笛卡儿（René Descartes）进入瑞典宫廷（克里斯蒂娜也邀请各个领域的众多学者来到斯德哥尔摩的乌普萨拉大学城）。在1655年定居罗马之后，克里斯蒂娜继续收集艺术品（主要是古代雕像）。如今我们仍能在马德里普拉多博物馆看到她的这些收藏。

插图 克里斯蒂娜女王的王冠，现藏于瑞典斯特兰奈斯大教堂。

《瑞典女王克里斯蒂娜与其宫廷》（*Christine de Suède et sa cour*）（第 203 页）

画面中，笛卡儿站在克里斯蒂娜女王面前。他于 1649 年 10 月受女王邀请来到瑞典宫廷。而女王与笛卡儿之间有关哲学与宗教的私人课程直到 12 月的清晨才在寒冷的宫殿内开始。不久后，笛卡儿感染肺炎并于 1650 年 2 月去世。该幅油画由皮埃尔・路易斯・杜梅尼尔（Pierre-Louis Dumesnil，1698 年—1781 年）创作，现藏于法国凡尔赛宫。

国的联盟最终使瑞典在 1648 年签署的《威斯特伐利亚和约》中收获利益：包括几乎整个波美拉尼亚、奥得河口的重要港口什切青（Stettin）以及控制威悉河和易北河交通的不来梅公国。获得这些领地之后，瑞典能够参加神圣罗马帝国议会，并保持其作为欧洲大国的地位。

贵族们最终将他们的命令强加于瑞典政府。1650 年是半个世纪以来收成最差的一年，农民、市民与神职人员寻求王室支持，试图减少贵族大地主的领土主权。然而，克里斯蒂娜女王对此态度冷漠，她显然对宫廷内的文化事务更感兴趣，也曾因此邀

伟大的瑞典皇家战舰——"瓦萨号"的沉没

古斯塔夫二世·阿道夫的梦想之一是建立一支能让瑞典控制波罗的海的舰队。1625年，他与荷兰造船师亨里克·哈伯特（Henrik Hybertsson）签订建造4艘战舰的合同，其中一艘将作为瑞典王室海军的旗舰。国王明确表示想拥有一艘更大的战舰，并且其火力要比现有的任何战舰都强。这艘战舰将以瑞典王朝的名字命名，称作"瓦萨号"（Vasa）。1626年，400多名船工开始在斯德哥尔摩的船厂全职参与建造瓦萨号。两年后，这艘重达1210吨的巨型战舰准备就绪，从龙骨到主桅杆长69米，高52米。"瓦萨号"于1628年8月10日下水，船上载有丹麦籍船长索夫林·汉森（Sofring Hansson）以及100名船员。当"瓦萨号"驶离港口时，它向天空发射出几发炮弹。随后不可思议的事情发生：一场中等强度的大风竟让"瓦萨号"倾斜并沉没。在行驶不久之后，展开船帆的"瓦萨号"就在斯德哥尔摩全体民众面前消失。本应是瑞典王国骄傲的"瓦萨号"却成为它的耻辱。神奇的是，这艘"瓦萨号"在水下完好无损地保存了几百年，并于1961年被成功打捞上岸。如今我们能在位于斯德哥尔摩的"瓦萨"沉船博物馆看到这艘巨型战舰。

王室纹章 "瓦萨号"的船艄是瑞典王室权力的象征，两只雄狮托举着瓦萨王朝的纹章。上半部分能看到古斯塔夫二世本人的雕像，他身边围绕着两头为其加冕的狮鹫。整个王室纹章都被涂上鲜艳的色彩。

❶ 船体 根据现代的计算，如果船体再宽50厘米，"瓦萨号"就不会失稳沉没。

❸ 甲板 在起航前，船员从甲板的一边跑到另一边以测试船只的稳定性。但"瓦萨号"的试验被中止，其不稳定的结果也被忽略。

❷ 上层炮甲板 除货物没有固定好外，"瓦萨号"沉没的另一个原因是高处火炮过重。

❹ 下层炮甲板 清孔敞开，海水随着大风进入船体，最终导致"瓦萨号"的沉没。

过多的火炮

"瓦萨号"上共计64门炮，其中48门是大口径火炮。它们分布在三层甲板上：上层甲板、上层炮甲板与下层炮甲板。所有火炮都由青铜制成，总重量约为80吨。瑞典国王古斯塔夫二世·阿道夫要求"瓦萨号"拥有其他战舰所不具备的火力。造船师认为火炮数量过多可能会危及船只的稳定性与适航性，但是国王却对他们的建议置若罔闻。

请笛卡儿等学者与哲学家来到瑞典宫廷。此外，克里斯蒂娜也越来越疏远瑞典严苛的新教仪式。1654 年，她最终放弃王位，前往意大利。1655 年，克里斯蒂娜皈依天主教，并改名为玛丽亚·克里斯蒂娜·亚历山德拉·瓦萨（Marie-Christine Alexan-dra Vasa），这让她以前的臣民与当时的欧洲人都感到十分惊讶。克里斯蒂娜从教皇亚历山大七世手中接过她的第一次圣餐。

瑞典王国为维持 1648 年实现的领土扩张而不可避免地与邻国发生冲突。1655 年，为保持对格但斯克港的控制促使瑞典国王卡尔十世·古斯塔夫（Charles X Gustave，1654 年—1660 年）向波兰宣战。当时波兰正深陷与俄国的战争困境之中，卡尔十世试图利用这一时机恢复瑞典对波罗的海周围地区的统治。瑞典军队迅速推进并占领华沙与克拉科夫等城市。由于该地区的主要大国担心瑞典霸权重新抬头，他们迅速组成包括丹麦、俄国、勃兰登堡以及神圣罗马帝国皇帝在内的反瑞联盟。尽管如此，丹麦很快就被瑞典军队征服。1658 年，瑞丹双方签署的《罗斯基勒条约》让瑞典实现对松德海峡北岸的控制，该海峡是北海和波罗的海之间商业运输的必经之路。

同年，波兰、勃兰登堡与神圣罗马帝国在荷兰舰队的暗中支持下再次与瑞典开战。这一次战争更加激烈，并与瑞典的利益背道而驰。1659 年 11 月，反瑞盟军在丹麦尼堡取得胜利。而法国的干预则减轻反瑞联盟强加给瑞典的苛刻停战要求。1660 年 5 月，交战双方在奥利瓦修道院签署系列和平条约，即《奥利瓦条约》与《哥本哈根和约》。瑞典失去因《罗斯基勒条约》而获得的一些领土，但却成功保留对斯科讷的主权。此外，俄国和波兰分别与瑞典签订《卡尔迪斯和约》（Le traité de Kardis，1661 年）和《安德鲁索沃条约》（Le traité de Androussovo，1667 年），通过这些条约，他们得以接管斯摩棱斯克地区与乌克兰东部的领土。第一次北方战争在欧洲东北部形成非常脆弱的三角关系，即瑞典、俄国、波兰都渴望在该地区建立独裁霸权。

然而瑞典王国却开始迅速衰退。卡尔十一世（Charles XI，1660 年—1697 年）继承王位后再次启动对外战争。他坚持率领军队与勃兰登堡进行灾难性的冲突，但

瑞典国王卡尔十二世的军事天赋

与不幸的古斯塔夫二世相同，瑞典国王卡尔十二世（Charles XII）对战争也充满热情。卡尔十二世杰出的军事战略为他赢得"北方亚历山大"（Alexandre du Nord）的称号。

瑞典国王卡尔十一世将其大部分精力用于重建王国。但卡尔十二世与他的父亲不同，他想让瑞典重新回到国际政治舞台的前列。在他登基后不久，丹麦、波兰与俄国组成的反瑞典联盟迅速瓦解，卡尔十二世借此机会实施积极的扩张政策以实现其目标。第一次在战场上听到炮声后，卡尔十二世说："从现在开始，这将是我的音乐。"（À partir de maintenant, cela sera ma musique.）早期获得的成功促使他于1707年带领瑞典王国进行一次冒险，即入侵俄国。虽然瑞典军队成功占领乌克兰，但卡尔十二世在波尔塔瓦战役中（前往莫斯科途中）被击败。他不得不在奥斯曼帝国避难至1713年。回到瑞典后，卡尔十二世发动一场新战争进攻挪威，但却在1718年围攻挪威弗雷德里克斯塔要塞时不幸身亡。这也意味着瑞典作为欧洲强国时期的终结。

插图　《卡尔十二世画像》（私人收藏）。

在费尔贝林战役（1675 年）中被击败。此后，他又挑起与丹麦和联省共和国之间的战争，但并未取得多大成果。在路易十四的协助下，瑞典才得以收复在 1676 年以及 1679 年的战争中失去的波美拉尼亚与斯科讷。

由于瑞典自 17 世纪初进行的军事战争不断升级，这迫使卡尔十一世不得不出售王室领土。这些领土自然而然地落入拥有众多地产的贵族手中，因此他们在王国内获得的权力越来越大。因此路德教派神职人员、城镇居民以及农民在王国议会中要求贵族们将其侵占的财产归还给国王，但是他们的坚决要求并没有收到任何效果。1680 年，卡尔十一世重新恢复对王室领土的控制，并有效地削弱贵族阶层的权力。他终于能够作为一位绝对君主统治瑞典。由于丰富的矿产资源、冶金业以及商业的发展，瑞典王国开始经历一段非常繁荣的时期。

于 1697 年至 1718 年在位的卡尔十二世登基时年仅 15 岁。他不得不应对周围国家对瑞典施加的压力。俄国沙皇彼得一世与波兰、丹麦国王联合起来，试图利用年轻国王缺乏统治经验的机会瓜分瑞典。但事实证明，卡尔十二世是一位出色的军事领袖。凭借强大的瑞典军队，他于 1700 年至 1701 年间战胜俄国、波兰与丹麦。但是，他的好运气只是昙花一现。

大北方战争

大北方战争决定了瑞典、波兰以及整个波罗的海地区的未来。它的起源可以追溯到古代的政治与领土冲突，但战争的爆发可能是由于 17 世纪末统治这些国家的杰出人物集中出现。沙皇彼得一世从 1682 年起统治俄国。1697 年，被誉为"强力王"（Le Fort）的波兰国王奥古斯特二世登上王位。"北方亚历山大"——卡尔十二世自 1697 年起统治瑞典王国。丹麦国王弗雷德里克四世于 1699 年开始执政。腓特烈一世则从 1701 年起统治普鲁士王国。这些君主中的每一位都企图通过军事力量控制波罗的海及其海岸线，以及连接波罗的海与北海的海峡。

战争始于 1698 年俄国和波兰结盟对抗瑞典期间。次年，丹麦国王弗雷德里克四世参与反瑞军事行动。令人意外的是，瑞典国王卡尔十二世迅速反击，接连击败

丹麦与俄国军队，战胜反瑞联盟。1700 年，瑞典军队在纳尔瓦战役中大胜俄国军队。受其祖父卡尔十世获胜战役的启发，年轻的卡尔十二世侵占华沙并在 1702 年的科里佐战役（La bataille de Kliszov）中击败波兰国王奥古斯特二世。瑞典似乎取得该地区的霸权并对波兰施加苛刻的和平条件。波兰国王被迫退位，而神圣罗马帝国皇帝被迫于 1707 年承认西里西亚地区宗教信仰自由。然而，卡尔十二世坚持继续与俄国作战的策略引起民众对国王的反对。瑞典军队大规模进入广袤的乌克兰领地，这不仅使得军队补给难以到达，更酿成 1709 年波尔塔瓦战役的灾难。在此之后，沙皇俄国从瑞典与衰落的波兰手中夺走波罗的海地区的霸权。

《厄兰岛之战》

1676 年，丹麦与荷兰联合舰队于波罗的海袭击瑞典舰队。6 月 1 日，他们在厄兰岛海战中几乎摧毁了瑞典的海军力量。该画现藏于斯德哥尔摩海事博物馆。

波尔塔瓦：瑞典霸权的结束

尽管卡尔十二世（Charles Ⅻ）具有战争天赋，但他却无法阻止波尔塔瓦战争的失败。随后俄国作为新的强国登上欧洲的政治舞台。

1700年，已经在纳尔瓦战役中击败俄国军队的卡尔十二世企图占领莫斯科，并迫使俄国签署盟约，以使瑞典在北方获得统治地位。但瑞典国王却低估了俄国的严酷气候及其军队的作战能力。除此之外，俄国所采用的焦土战术造成瑞典军队被迫艰难度过1709年的冬天。但双方决定性的战斗发生于7月8日的波尔塔瓦。两万名瑞典士兵不得不面对数量几乎两倍于他们的俄国军队。此外，卡尔十二世于战役前夕负伤，因此不得不将军队指挥权交给乌尔利卡元帅。当天中午之前，瑞典军队被俄国军队歼灭。未被杀的瑞典士兵成为俘虏，最终为沙皇彼得一世（Pierre Ier）修建圣彼得堡。

插图 右图：《波尔塔瓦战役》（*La Bataille de la Poltava*），由小丹尼斯·马丁（Denis Martens le Jeune）创作的油画，现藏于圣彼得堡冬宫博物馆；左图：17世纪欧洲骑兵部队常用的头盔，现藏于圣路易斯艺术博物馆。

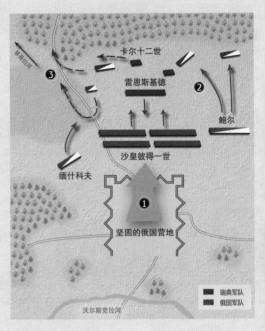

❶ **开端** 固守的俄国军队成功地击退瑞典军队的进攻并开始反击。

❷ **反击** 瑞典军队最初的进攻由于俄国军队对其右翼和后卫的攻击而崩溃。

❸ **真寺尖塔** 早上11时，卡尔十二世在看到军队几乎全军覆没后下令向第聂伯河撤退。

普鲁士——新的强国

普鲁士王国的发展起源于霍亨索伦王朝的勃兰登堡选帝侯。17 世纪上半叶，他们的领地面积扩大两倍，不再局限于德意志中部遍布沼泽与沙漠的贫瘠而荒凉的领土。1614 年，霍亨索伦家族继承莱茵河地区富裕的克利夫公国以及邻近的马克与拉文斯堡领地。1618 年，在阿尔伯特·弗雷德里克（Albert

Frédéric）公爵去世后，勃兰登堡选帝侯占领广阔但贫穷且人口稀少的普鲁士公国。根据《威斯特伐利亚和约》，腓特烈·威廉一世（Frédéric-Guillaume Ier）最终获得东波美拉尼亚、马格德堡、哈尔伯施塔特以及明登的主教辖区。

勃兰登堡与普鲁士的形成实际上有些偶然。17 世纪初，普鲁士仅是波兰王国的封地，与勃兰登堡之间隔着波美拉尼亚，而波美拉尼亚本身又被波兰和瑞典瓜分。另外，勃兰登堡通过继承西边的于利希和克利夫公国而巩固在该地区的地位。于利希和克利夫公国因其重要的战略位置而历来被法国与勒纳布尔（Le Neubourg）争夺。除了通过这种方式控制部分莱茵兰地区（La Rhénanie），勃兰登堡选帝侯也从与法国变化不定的联盟中获益，尤其是在1619年至1640年格奥尔格·威廉（Georges Guillaume）的杰出大臣亚当·施瓦岑贝格伯爵（Adam de Schwarzenberg）管理内政期间。

"大选帝侯"（Grand Électeur）腓特烈·威廉（Frédéric Guillaume，1640年—1688年）成功将这片混杂的领土变成一个伟大的现代国家。他在统治初期致力于推进行政体系的统一。为了实现这一目标，腓特烈·威廉剥夺国家议会的财政权，并将他于柏林创设的枢密院确立为主要统治机构。与此同时，他通过设立永久性消费税（尤其是啤酒）以及垄断售盐权来获得稳定的财政收入。为了增加人口，腓特烈·威廉鼓励荷兰垦荒者移民到勃兰登堡、普鲁士以及波美拉尼亚。他还通过《波茨坦敕令》（L'édit de Potsdam），允许被法国驱逐出境的胡格诺派新教徒居留避难。这些新教徒在柏林周围开辟农业田地与创办制造业工厂。正是由于奥得河、施普雷河和易北河之间的通航运河发挥的决定性作用以及保护主义关税政策的确立，腓特烈·威廉实施的移民计划才获得极大的成功。另外，在普鲁士和勃兰登堡境内，农民与领主之间的封建奴役关系得到巩固。凭借稳定的财政收入，腓特烈·威廉得以建立一支由3万名雇佣兵组成的常备军。这使得勃兰登堡在17世纪下半叶的欧洲政治中发挥了非常重要的作用。1657年，大选帝侯从波兰国王手中获得普鲁士公国的全部主权。最终于1675年，腓特烈·威廉在费尔贝林打败瑞典军队，赢得一场令人印象深刻的胜利。

继任的腓特烈一世（Frédéric Ier，1688年—1713年）并不具备他父亲那样的坚强品质。他一心想实现自己的宏伟梦想并痴迷于国王的头衔。虽然腓特烈一世无法在神圣罗马帝国内部的勃兰登堡称王，但却能够在霍亨索伦家族享有完整主权的普鲁士登上王位。1700年11月，神圣罗马帝国皇帝利奥波德一世承认腓特烈一世为普鲁士国王。1701年1月18日，在柯尼斯堡举行的盛大仪式上，这位勃兰登堡选帝侯加冕为普鲁士国王，称腓特烈一世。

普鲁士国王腓特烈·威廉一世——"士兵王"（Roi-sergent）

腓特烈一世之子腓特烈·威廉一世总是身穿军服，尽一切可能为他的王国提供一支令其他欧洲国家羡慕的军队。他的军事组织能力及其实行的军纪在普鲁士王国国内家喻户晓。

普鲁士强大的军事传统在腓特烈·威廉一世统治时期经历了新的决定性发展。腓特烈·威廉一世的主要目标是加强军队力量。为实现这一目标，他不仅创办柏林士官学校，还建立一种有效的征兵制度，将普鲁士军队人数从4万人扩增至8万人。此外，对工业的保护以及东普鲁士荒地的移民政策为王国的经济繁荣奠定基础，这使得腓特烈·威廉一世不仅能够维持军队，而且还能为其配备最现代化的武器。不久之后，普鲁士便成为欧洲的军事强国。令人感到讽刺的是，这位"士兵王"仅在年轻时击败过瑞典国王卡尔十二世，但自此便从未参与战争。

插图 《腓特烈·威廉一世肖像画》，乔治·温彻斯劳斯·冯·克诺伯斯多夫（Georg Wenceslas von Knobelsdorff）所绘，现由柏林-勃兰登堡普鲁士宫殿园林基金会收藏。

琥珀厅

琥珀厅是普鲁士国王腓特烈·威廉一世送给俄国沙皇彼得一世的礼物，以加强普鲁士和俄国之间的关系。最初的琥珀厅位于叶卡捷琳娜宫，由一套琥珀碎片制成的各种尺寸的面板、底座以及家具组成（当时琥珀的价格是黄金的 12 倍）。1941 年，琥珀厅被纳粹军队拆毁，并于 1945 年消失。2003 年，俄罗斯工匠重新将其复原。

在表面的虚荣背后，腓特烈一世为自己打出一张极佳的政治牌而感到庆幸。此后，信奉加尔文教派的霍亨索伦家族将在礼节上优先于其他德意志诸侯。在宗教方面，他们也成为信奉天主教的哈布斯堡家族在德意志地区的竞争对手。

17 世纪中期，勃兰登堡-普鲁士呈现出与哈布斯堡帝国类似的领土格局。它由大选帝侯统治下的多片领地组成。而普鲁士则成功实现显著的政治集权。为了保障贵族的免税及其社会特权，各地方王国放弃干预税收的投票权。因此，大选帝侯能够组织一支规模非凡的军队（比一个相对较小的国家通常所预期的规模要大得多）。这支军队最终成为扩大普鲁士王国影响力的中坚力量。腓特烈·威廉一世（1713 年—1740 年）也因此成为欧洲第一位在公开场合穿着军服的国王，这为他赢得"士兵王"的称号。

普鲁士王国还在中央税收机构的协助下建立由官僚与行政官员组成的新机构。地方征税与军队管理的官员开始向柏林的战争事务官员负责。该机构随后改名为总督察（Directoire général），其职责涵盖整个国家的行政管理。大贵族对于社会与经济特权的掌控使得由行政人员组成的官僚机构成为中产阶级。从长远来看，贵族势力最终渗透到这个行政及军事机构的空隙中，他们不再停留在荣誉层面，而是以积极的方式参与管理。普鲁士王国的命运与维持这个军事国家息息相关，这也将成为整个 18 及 19 世纪德意志地区未来发展的轴心。

附　录

插图（左侧）　《弹鲁特琴者》（*Le Joueur de luth*），米开朗琪罗·梅里西·达·卡拉瓦乔（Michel angelo Merisi, il Caravaggio）1595年前后创作的油画。卡拉瓦乔是巴洛克画派第一位著名的代表人物，《弹鲁特琴者》现藏于俄罗斯冬宫博物馆。

比较年表：欧洲、美洲与其他文明

欧洲

公元 1600 年—公元 1615 年	公元 1616 年—公元 1630 年	公元 1631 年—公元 1648 年
• 乔尔丹诺·布鲁诺（Giordano Bruno）在罗马因异端邪说被烧死 • 英国与荷兰的东印度公司成立 • 英格兰和苏格兰王室统一 • 西班牙、英国与荷兰休战 • 西班牙驱逐三十万摩尔人 • 亨利四世被刺杀，玛丽·德·美第奇摄政 • 混乱时期后，俄国罗曼诺夫王朝开始	• 权臣时代：黎塞留与奥利瓦雷斯伯公爵 • 布拉格掷出窗外事件——三十年战争开始 • 三十年战争 • 克里斯蒂安四世干涉神圣罗马帝国事务 • 英国《权利请愿书》 • 奥兰治的莫里斯亲王逝世 • 为神圣罗马帝国皇帝服务的华伦斯坦	• 三十年战争瑞典阶段：主要人物古斯塔夫二世·阿道夫国王 • 法西之战 • 西班牙王国各地的叛乱（加泰罗尼亚地区、葡萄牙以及那不勒斯） • 英国内战开始 • 马萨林主教；首相；奥利瓦雷斯失宠 • 结束三十年战争的《威斯特伐利亚和约》 • 路易十四统治初期、奥地利的安妮王后摄政

美洲

公元 1600 年—公元 1615 年	公元 1616 年—公元 1630 年	公元 1631 年—公元 1648 年
• 北美首个英国永久据点——詹姆士镇 • 亚马孙河沿岸的耶稣会传教活动 • 墨西哥城与国王之城（利马）的第一次人口普查及城市发展 • 印第安公主波卡洪塔斯被劫持并改信基督教事件 • 墨西哥城商事法庭的建立 • 弗吉尼亚开始系统的烟草种植	• 五月花号——朝圣者神父之旅；英国在北美的据点；建立普利茅斯殖民地 • 荷兰人从印第安人手中购买曼哈顿岛，并建立新阿姆斯特丹殖民地 • 荷兰、英国与法国殖民者在圭亚那的定居点 • 创建波士顿以及马萨诸塞殖民地 文化成就： • 科尔多瓦大学的创建	• 创建罗得岛与康涅狄格殖民地 • 英国人侵占巴哈马 文化成就 • 在北美英国殖民地内出版的第一本书 • 北美第一所大学——哈佛大学成立

其他文明

公元 1600 年—公元 1615 年	公元 1616 年—公元 1630 年	公元 1631 年—公元 1648 年
• 非洲：约鲁巴人在尼日利亚南部建立奥约帝国 • 亚洲：中国最初的基督教教堂建成 • 日本德川幕府统治开始 • 日本驱逐天主教徒 • 贾汗吉尔（Jahangir）统治时期：莫卧儿画派的巅峰 • 波斯帝国与奥斯曼帝国之间的战争	• 非洲：法国在马达加斯加建立第一批殖民地 • 亚洲：萨非王朝的衰落 • 外国人被禁止进入日本；两百年的闭关锁国开始 • 日本岛原起义被镇压 • 清王朝在中国取得政权	• 非洲：希塞内加尔河口成为法国的非洲奴隶贸易站点 • 亚洲：莫卧儿帝国下令摧毁有最近修建的印度教寺庙，从标志着宗教宽容政策的结束；造泰姬陵 • 大洋洲：阿贝尔·塔斯曼（Abel Tasman）抵达塔斯马尼亚、新西兰、汤加以及斐济的海岸

公元 1649 年—公元 1665 年

- 英国国王查理一世被斩首
- 英吉利共和国与保国主：克伦威尔的统治
- 法国投石党运动
- 瑞典争夺波罗的海霸权
- 俄罗斯帝国向西伯利亚扩张，直到太平洋沿岸
- 查理二世复辟
- 西班牙国王卡洛斯二世继承费利佩四世的王位

公元 1666 年—公元 1680 年

- 伦敦大火
- 路易十四的军事巅峰
- 《第一亚琛和约》（Traité d'Aix-la-Chapelle）结束遗产继承战争，法国和西班牙恢复和平
- 多次签署的《奈梅亨条约》维持了欧洲的军事平衡
- 尼德兰执政威廉三世
- 葡萄牙彻底从西班牙王国独立
- 英国迫害天主教徒

公元 1681 年—公元 1700 年

- 法国与罗马教廷有关天主教自治的冲突
- 奥斯曼帝国在与波兰和奥地利的战争中围攻维也纳
- 废除《南特敕令》
- 玛丽与奥兰治的威廉三世共同统治英国；斯图亚特王朝终结
- 为解决西班牙王位继承问题而签订《分治条约》（Traité de Répartition）
- 奥斯曼帝国、威尼斯、波兰以及奥地利签署《卡洛维茨条约》
- 西班牙波旁王朝开始

公元 1649 年—公元 1665 年

- 英国占领牙买加
- 英国海盗亨利·摩根（Henry Morgan）首次侵掠西属加勒比海殖民地
- 耶稣会维埃拉（Vieira）神父在巴西传教
- 新法兰西成为法国海外行省

文化成就：

- 墨西哥普埃布拉大教堂竣工

公元 1666 年—公元 1680 年

- 新阿姆斯特丹被新定居的英国殖民者改名为纽约
- 哈德逊湾公司成立
- 法国向密西西比河三角洲扩张
  - 利马地震
  - 新西班牙总督辖区北部爆发印第安人起义

公元 1681 年—公元 1700 年

- 巴西发现大量金矿
- 法国占据圣多明各岛的西半部
- 西班牙耶稣会士远征加利福尼亚
- 海盗威廉·丹皮尔（William Dampier）在胡安·费尔南德斯群岛上遇到水手亚历山大·塞尔柯克（Alexandre Selkirk），他是鲁滨孙·克鲁索（Robinson Crusoé）的原型。
- 费城与宾夕法尼亚殖民地的建立
- 门诺教派在北美的首个据点

公元 1649 年—公元 1665 年

- 非洲：荷兰在好望角建立定居点
- 亚洲：信奉印度教的王公与婆罗门从爪哇岛撤到巴厘岛。这座小岛成为印度教在东南亚的最后庇护所
- 首位俄国大使来到清朝宫廷内
- 奥朗则布（Aurangzeb）统治时期：莫卧儿帝国的巅峰
- 荷兰从葡萄牙手中夺取斯里兰卡

公元 1666 年—公元 1680 年

- 亚洲：康熙王朝推动中国文化蓬勃发展
- 葡萄牙人侵占澳门
- 耶稣会士在中国传教
- 孟买被割让给英国东印度公司
- 荷兰开始从日本进口柿右卫门瓷器

公元 1681 年—公元 1700 年

- 非洲：阿曼舰队将葡萄牙人赶出蒙巴萨和桑给巴尔岛
- 亚洲：元禄时代是德川幕府统治下的日本文化的鼎盛时期
- 清朝皇帝命令所有中国男人剃头并只保留一根大辫子
- 英国人在恒河口建立威廉堡，随后演变成如今的加尔各答

朝代年表

神圣罗马帝国皇帝

哈布斯堡王朝

鲁道夫二世	1576年—1612年
马蒂亚斯一世	1612年—1619年
斐迪南二世	1619年—1637年
斐迪南三世	1637年—1657年
利奥波德一世	1658年—1705年
约瑟夫一世	1705年—1711年
查理六世	1711年—1740年

英格兰国王

哈布斯堡王朝

伊丽莎白一世	1558年—1603年

斯图亚特王朝

詹姆斯一世(1567年起为苏格兰王国的詹姆斯六世)	
	1603年—1625年
查理一世	1625年—1649年
英吉利共和国	1650年—1660年
查理二世	1660年—1685年
詹姆斯二世	1685年—1688年

奥兰治王朝

玛丽二世	1689年—1694年
威廉三世	1689年—1702年

苏格兰国王

斯图亚特王朝

詹姆斯六世(1603年后成为英格兰国王詹姆斯一世)	
	1567年—1625年

西班牙国王

哈布斯堡王朝

费利佩三世	1598年—1621年
费利佩四世	1621年—1665年
卡洛斯二世	1665年—1700年

波旁王朝

费利佩五世	1700年—1746年

葡萄牙国王

布拉干萨王朝

约翰四世	1640年—1656年
阿方索六世	1656年—1683年
彼得二世(1668年—1683年间摄政)	1683年—1706年

法国国王

波旁王朝

亨利四世	1589年—1610年
路易十三	1610年—1643年
路易十四	1643年—1715年

萨伏依公爵

卡洛·埃马努埃莱一世	1580年—1630年
维托里奥·阿梅迪奥一世	1630年—1637年
弗朗切斯科·贾钦托	1637年—1638年
卡洛·埃马努埃莱二世	1638年—1675年
维托里奥·阿梅迪奥二世(自1720年起成为撒丁王国国王)	1675年—1730年

费拉拉和摩德纳公爵

埃斯特家族

切萨雷	1597年—1628年
阿方索三世	1628年—1629年
弗朗切斯科一世	1629年—1658年
阿方索四世	1658年—1662年
弗朗切斯科二世	1662年—1694年
里纳尔多一世	1694年—1737年

曼托瓦公爵

冈萨加家族

文森佐一世	1587年—1612年
弗朗切斯科四世	1612年
费迪南多	1612年—1626年
文森佐二世	1626年—1627年

讷韦尔家族

卡洛一世	1627年—1637年
卡洛二世	1637年—1665年
费迪南多·卡洛	1665年—1708年

托斯卡纳公爵

斐迪南一世	1587年—1609年
科西莫二世	1609年—1621年
斐迪南二世	1621年—1670年

威尼斯总督

马里诺·格里曼尼	1595年—1605年
列奥纳多·多纳托	1606年—1612年
马尔坎多尼奥·梅莫	1612年—1615年
乔凡尼·本博	1615年—1618年
尼克罗·多纳托	1618年
安托尼奥·普利欧利	1618年—1623年
弗朗切斯科·康塔里尼	1623年—1624年
乔凡尼一世·科那罗	1625年—1629年
尼克罗·康塔里尼	1630年—1631年
弗朗切斯科·埃里佐	1631年—1646年
弗朗切斯科·墨林	1646年—1655年
卡洛·康塔里尼	1655年—1656年
弗朗切斯科·科那罗	1656年
贝尔图乔·瓦列罗	1656年—1658年
乔凡尼·佩萨罗	1658年—1659年
多门尼科二世·康塔里尼	1659年—1675年
尼克罗·萨格莱多	1675年—1676年
阿尔韦塞·康塔里尼	1676年—1684年
马尔坎多尼奥·查士丁尼	1684年—1688年
弗朗切斯科·莫罗西尼	1688年—1694年

西尔维斯特·瓦列罗	1694年—1700年

联省共和国执政

拿骚家族

拿骚的莫里斯	1584年—1625年
弗里德里克·亨利	1625年—1647年
威廉二世	1647年—1650年
无执政时期	1650年—1672年
威廉三世	1672年—1702年

巴伐利亚选帝侯

霍亨索伦家族

马克西米利安一世	1597年—1651年
费迪南德·马里亚	1651年—1679年
马克西米利安二世	1679年—1726年

勃兰登堡选帝侯

约阿希姆·腓特烈	1598年—1608年
约翰·西吉斯蒙德	1608年—1619年
格奥尔格·威廉	1619年—1640年
腓特烈·威廉	1640年—1688年
腓特烈三世（自1701年起成为普鲁士国王，称腓特烈一世）	1688年—1701年

普鲁士国王

腓特烈一世（在1701年前为勃兰登堡选帝侯腓特烈三世）	1701年—1713年
腓特烈·威廉一世	1713年—1740年

瑞典国王

瓦萨王朝

西吉斯蒙德	1592年—1599年
摄政时期	1599年—1604年
卡尔九世	1604年—1611年
古斯塔夫二世·阿道夫	1611年—1632年
克里斯蒂娜	1632年—1654年

普法尔茨王朝

卡尔十世·古斯塔夫	1654年—1660年
卡尔十一世	1660年—1697年
卡尔十二世	1697年—1718年
乌尔丽卡·埃利诺拉	1718年—1720年

丹麦国王

奥尔登堡王朝

克里斯蒂安四世	1588年—1648年
弗雷德里克三世	1648年—1670年
克里斯蒂安五世	1670年—1699年

俄国沙皇

戈东诺夫王朝

鲍里斯·戈东诺夫	1598年—1605年
费奥多尔·狄奥多二世	1605年
伪沙皇季米特里	1605年—1606年

舒伊斯基王朝

瓦西里四世	1606年—1610年
王位空位期	1610年—1613年

罗曼诺夫王朝

米哈伊尔一世	1613年—1645年
阿列克谢一世	1645年—1676年
费奥多尔三世	1676年—1682年
伊凡五世和彼得一世共同执政	1682年—1696年
彼得一世	1696年—1725年

波兰国王

瓦萨王朝

齐格蒙特三世	1587年—1632年
瓦迪斯瓦夫四世	1632年—1648年
约翰二世·卡齐米日·瓦萨	1648年—1668年

维希尼奥维茨基王朝

米哈乌·克雷布特	1669年—1673年

索别斯基王朝

约翰三世·索别斯基	1674年—1696年

韦廷王朝

奥古斯特二世	1697年—1733年

匈牙利国王

哈布斯堡王朝

鲁道夫二世	1576年—1608年
马蒂亚斯二世	1608年—1619年
斐迪南二世	1618年—1637年
斐迪南三世	1625年—1647年
斐迪南四世	1647年—1654年
斐迪南三世（第二次执政）	1654年—1657年
利奥波德一世	1657年—1705年

教皇

克雷芒八世	1592年—1605年
利奥十一世	1605年
保罗五世	1605年—1621年
格列高利十五世	1621年—1623年
乌尔班八世	1623年—1644年
英诺森十世	1644年—1655年
亚历山大七世	1655年—1667年
克雷芒九世	1667年—1669年
克雷芒十世	1670年—1676年
英诺森十一世	1676年—1689年
亚历山大八世	1689年—1691年
英诺森十二世	1691年—1700年
克雷芒十一世	1700年—1721年

图书在版编目（CIP）数据

绝对君权 / 美国国家地理学会编著；吕文杰译. -- 北京：现代出版社，2022.8
（美国国家地理全球史）

ISBN 978-7-5143-7613-5

Ⅰ. ①绝… Ⅱ. ①美… ②吕… Ⅲ. ①君主制 - 欧洲 - 中世纪 Ⅳ. ①D750.21

中国版本图书馆CIP数据核字（2022）第123337号

版权登记号：01-2022-2694

© RBA Coleccionables, S. A. 2013

© Of this edition: Modern Press Co., Ltd.2022

NATIONAL GEOGRAPHIC及黄框标识，是美国国家地理学会官方商标，未经授权不得使用。

由北京久久梦城文化发展有限公司代理引进

绝对君权（美国国家地理全球史）

编 著 者：美国国家地理学会
译　　　者：吕文杰
策划编辑：吴良柱
责任编辑：裴 郁 张 瑾
内文排版：北京锦创佳业文化传播有限公司
出版发行：现代出版社
通信地址：北京市安定门外安华里504号
邮政编码：100011
电　　　话：010-64267325　64245264（兼传真）
网　　　址：www.1980xd.com
印　　　刷：北京瑞禾彩色印刷有限公司

开　　　本：710mm*1000mm 1/16
印　　　张：14　　　　字　　数：206千
版　　　次：2022年8月第1版　印　　次：2022年8月第1次印刷
书　　　号：ISBN 978-7-5143-7613-5
定　　　价：79.80元